rororo sprachen

Herausgegeben von Ludwig Moos

Den Einstieg finden, locker plaudern, anmachen, sich rausreden, Dampf ablassen, lästern – kurz, über passende Sprüche und schlagfertige Antworten zu verfügen, gehört zu den wichtigsten Fertigkeiten, wenn man in einer anderen Sprache mitreden will. «Parole Espresse» liefert die Würze für den Sprachalltag und die Gebrauchsmuster, um die verschiedensten Situationen sprachlich zu bewältigen.

PAROLE ESPRESSE

Italienisches Quasselbuch mit Sprüchen und Widersprüchen

von Mario Parisi und Liborio Pepi

rororo

Rowohlt

Inhalt

Ciao bella!

Come stai?

Hai voglia di...?

Scusa, ma è colpa tua!

Ne sei convinto?

Mi puoi credere!

Sai che...?

Ti piace?

Che ne pensi?

Mi stai a sentire?

Addio!

Anhang

Originalausgabe
Veröffentlicht im Rowohlt Taschenbuch Verlag GmbH,
Reinbek bei Hamburg, Juni 1989

Umschlagtypographie Peter Wippermann
(Umschlagbild Gerd Huss)
Layout und Grafik
Iris Christmann und Alexander Urban
Satz Times und Helvetica (Linotron 202)
Gesamtherstellung Clausen & Bosse, Leck
Printed in Germany
980-ISBN 3 499 18434 6

Vorwort

«Ciao belli!» Wir begrüßen Sie mit einer der schönsten Floskeln der italienischen Sprache. Ein erster und leichter Schritt zur Verständigung mit Italienern.
Kommunikation ist das, worum es in diesem Buch geht. Kommunikation zwischen Menschen, die sich mal gut, mal schlecht, mal so lala fühlen. Kommunikation, die gebunden ist an Situationen, Stimmungen, Vorhaben. Entsprechend haben wir das Buch aufgebaut. Seine zehn Kapitel fangen in Dialogen, Sprüchen und kurzen Texten ein, wie sich die Italiener begrüßen, wie sie ihr Befinden ausdrücken, wie sie etwas vorschlagen und zu etwas einladen, wie sie sich entschuldigen oder rechtfertigen, wie sie etwas beurteilen, anzweifeln oder verneinen, wie sie ihre Überzeugung äußern oder einen Rat geben, wie sie von etwas berichten, wie sie sich beklagen oder begeistern, wie sie Zuneigung, Abneigung oder Wünsche ausdrücken, wie sie zustimmen, widersprechen oder schimpfen und mit welchen Worten sie schließlich auseinandergehen.
Wir sind Italiener, unterrichten Italienisch und leben abwechselnd in der Bundesrepublik und in Italien. Für «Parole Espresse» haben wir mit gespitzten Ohren und viel Spaß die Sprüche, Worte, Sprichwörter und Redensarten gesammelt, die unsere Landsleute täglich verwenden. Wir haben uns bemüht, einiges von der Vitalität und Vielfalt des Italienischen einzufangen und eine Palette wiederzugeben, die von Kraftausdrücken bis zu Zwischentönen reicht, damit Sie beispielsweise auf eine Einladung freundlich, unfreundlich oder auch gleichgültig reagieren können.

Bevor wir Sie in den Dschungel des Sprachalltags entlassen, noch ein paar praktische Hinweise. «Parole Espresse» ist von allen zu verwenden, die den Grundkurs Italienisch hinter sich haben. Am Anfang jeder Einheit stehen ohne Übersetzung die Schlüsselausdrücke und -wendungen, um die es im folgenden geht. Sie sind im Anhang, geordnet nach Kapiteln, mit Übersetzung aufgeführt. Erklärungsbedürftige Wörter und Wendungen in den Texten sind jeweils unten auf der Seite übersetzt und im Anhang von A bis Z erfaßt. Nicht ganz schickliche Kraftausdrücke sind mit einem (!) versehen.
Parole Espresse!

Mario Parisi und Liborio Pepi

CIAO BELLA!

Buon giorno!

Buona sera!

Ciao!

Salve!

Come va?

Come stai?

Cosa combini?

Arrivi a proposito!

Capiti a pennello!

Stavamo parlando proprio di te!

Guarda chi si vede!

Dove stai andando?

Si parla del diavolo e ne spuntano le corna!

Come mai da queste parti?

Piazza, dolce piazza!

Salve, come va oggi?
Mmmm...
E potresti almeno rispondere al saluto!

Eih Marco! Che sorpresa! Come mai da queste parti?
Ho un paio di giorni liberi e così ho pensato di venire a trovarti in paese.
Mi fa molto piacere, vieni andiamo al bar a prendere qualcosa.

Francesco... Francesco...
Anna! Qual buon vento ti porta da queste parti?
Ciao Francesco. Che bello vederti... dai, fatti vedere... dammi un bacio...

Buon giorno signora Elvira, guardi che belle arance che abbiamo oggi...
Buon giorno signor Marchi. Sì, sono proprio belle, ma oggi vorrei un bel cocomero e delle zucchine...

Due amici parlano di un altro loro amico che non è presente, improvvisamente quest'ultimo arriva e così gli dicono: «Stavamo parlando proprio di te: quando si parla del diavolo ne spuntano subito le corna!»

Un vigile: Buona sera signore. Favorisca i documenti per favore!
Un automobilista: Vuole solo la patente o anche il libretto di circolazione?

Scusi, mi sa dire dov'è via Bernacca?
Via Bernacca? Ah sì, se lei prende la prima a destra e poi dopo cento metri gira a sinistra, la vede subito.
Grazie, molto gentile.

---

salve: Grüß Gott **il saluto:** Gruß **la sorpresa:** Überraschung **come mai:** wieso **il bacio:** Kuß **il cocomero:** Wassermelone **improvvisamente:** plötzlich **si parla del diavolo e ne spuntano le corna:** du kommst wie gerufen (wörtlich: wenn man den Teufel nennt, kommt er um die Ecke) **favorisca:** haben Sie die Freundlichkeit **la patente:** Führerschein **il libretto di circolazione:** Fahrzeugschein

Casa, dolce casa!

Al telefono:
Pronto, chi parla?
Sì, pronto, ma lei chi è?
Ma guardi che è lei che ha telefonato!
Sì, ma lei non è la persona con cui voglio parlare!
Ma vatti a far benedire!

Pronto, parlo con la signora Mangano?
Sì, sono io. Chi parla?
Buon giorno signora Mangano, sono Maria Pesce. Mi scusi se la disturbo ma...
Oh signora Vulci! Non mi disturba affatto. Come sta?
Bene, signora, grazie...

La festa del compleanno di Lucio, tutti cantano in coro:
Tanti auguri a te, tanti auguri a te, tanti auguri a te Lucio, tanti auguri a te... Dopo uno degli amici dice: Facciamo un brindisi alla salute di Lucio: Ti auguriamo un anno pieno di successi! Cin cin, beviamo alla tua salute!

Bussano alla porta della stanza di Enzo:
Chi è?
Sono Giulio.
Non ho tempo: devo lavorare, ripassa più tardi.
Dopo cinque minuti bussano nuovamente alla porta:
Chi è?
Sono Marina...
Entra, entra, capiti a pennello!

---

pronto: hallo (am Telefon) **vatti a far benedire:** geh dir den letzten Segen holen **disturbare:** stören **affatto:** gar nicht **il compleanno:** Geburtstag **il brindisi:** Trinkspruch **il successo:** Erfolg **cin cin:** prosit **bussare:** klopfen **capitare a pennello:** gerade richtig kommen

Visite:
Hanno suonato?
Credo di sì. Puoi aprire tu, per favore?
Ma sicuro.
Renzo apre la porta e vede due vecchi amici.
Sandra, Romano, che bella sorpresa! Entrate. Maria, vieni a vedere chi è venuto a trovarci.
Che bellezza! Ma entrate, entrate, perché state sulla porta?!

Rocco: Giulio! Entra. Cosa combini? Ti presento la mia consorte.
Marco: Piacere! Sono onorato di fare la Sua conoscenza!
Sandra: Il piacere è tutto mio. Rocco mi ha raccontato molto su di Lei.

Buon giorno. Signora ho una raccomandata per suo figlio.
Una raccomandata? Ma mio figlio da quando si è sposato non abita più qui: si è trasferito in un'altra città.
Allora...
O la dia pure a me, tanto viene a trovarmi domani.
Va bene signora. Firmi qui, per favore.

Dopo un lungo viaggio:
Ciao papà!
Ben tornato Angelo. Come sono andate le vacanze?
Bene, molto bene, ma adesso sono stanco morto: non c'era neanche un angolo libero, neanche nel gabinetto!

Bussa un venditore ambulante:
Buon giorno signora. Ho con me degli articoli da cucina molto...
Guardi mi dispiace ma non ho bisogno di niente!

Bussa un testimone di Geova:
Dio sia lodato signora, Le porto la parola di Dio...
Senta, mi dispiace ma non ho tempo adesso.
Posso ripassare un'altra volta?
No, guardi... lasci perdere...

---

suonare (alla porta): klingeln **la consorte:** Gemahlin **onorato:** geehrt **la raccomandata:** Einschreiben **sposarsi:** heiraten **trasferirsi:** umziehen **pure:** doch **firmare:** unterschreiben **il testimone di Geova:** Zeuge Jehovas **Dio sia lodato:** Gott sei gelobt

Chiacchiere

Sembrava che era molto tempo che non si vedevano.
Perché?
Perché si sono gettate le braccia al collo...
Ma no! Si vedono tutti i giorni, ma si vogliono molto bene!

Hai visto che roba!?
Cosa?
Come non hai visto che Laura ha dato un bacio in bocca a Lucio?
E allora?! Lui le ha baciato la mano...
E lei senza perdere tempo l'ha tirato subito a sé!

Un famoso pittore parla al pubblico di una mostra:
Signori e signore buona sera! Chiedo scusa, ma tutto quello che è comunicazione è arte. Naturalmente c'è più arte in un quadro di Michelangelo che in un discorso di Craxi...

Raffaello fa piangere ed impazzire i turisti che salutano le sue opere:
Signora in stato di schock: «Raffaello mi ha salutato!»
Ha detto prima di cadere a terra piangendo. Ricoverata in ospedale.

Uno studente straniero crede di vedere il Brunelleschi che lo saluta dall'alto della cupola: perde il senso dell'orientamento e per poco finisce sotto un tram.

Pausa televisiva-pubblicità:
...mettetevi comodi, abbiamo delle novità importanti da dirvi...

---

gettare le braccia al collo: jemandem um den Hals fallen **che roba:** was für ein Ding **tirare a sé:** an sich ziehen **la mostra:** Ausstellung **piangere:** heulen **lo stato:** Zustand **cadere:** fallen **ricoverare:** einliefern (ins Krankenhaus) **mettersi comodi:** es sich bequem machen **la novità:** Neuigkeit

Luoghi pubblici

Il Papa saluta l'Italia e il suo presidente:
Che Dio benedica Lei, la Sua famiglia, il governo e l'Italia.

In un ufficio pubblico:
Buon giorno. È permesso? Posso entrare?
Prego, entri pure.
Disturbo se mi siedo?
Prego, si accomodi. Mi dica, cosa posso fare per Lei?

Alla cassa del teatro:
Buon giorno. Senta, ho riservato due biglietti per stasera.
Mi dica il suo nome per favore.

In un'agenzia di viaggi:
Buon giorno.
Buon giorno. Il signore desidera?
Ho bisogno di alcune informazioni.
Prego, mi dica.
. . .
Grazie delle informazioni, è stato molto gentile.

Dal medico:
Buon giorno dottore. Ho bisogno di una visita.
Che disturbi ha?
Non mi sento bene, ho mal di testa, non riesco a dormire…

Dal parrucchiere:
Buon giorno.
Buon giorno. In che cosa posso servirla?
Vorrei fare la permanente. C'è molto da aspettare?
No signora. Fra un attimo tocca a Lei. S'accomodi.

---

il luogo pubblico: öffentliche Stelle **benedire:** segnen **permesso:** erlaubt **gentile:** höflich **la visita:** Untersuchung **servire:** dienen **la permanente:** Dauerwelle

Saluti postali

Torino, 12-12-1989

Cara Sandra,
ho...

...in attesa di una tua lettera, ti saluto affettuosamente
Giacomo

...baci e bacioni!

La tua Giulia.

...ti saluto
ciao Mario

Caro papà, cara mamma,
...
Ciao, a presto e salutoni anche a Rosalia e Laura.
Il vostro Marcello.

...In attesa di avere vostre notizie vi stringo forte forte
vostro figlio Marcello.

...sono felicissimo e vi dico un grosso grazie!
Con affetto il vostro
Marcello.

...vi abbraccio calorosamente!

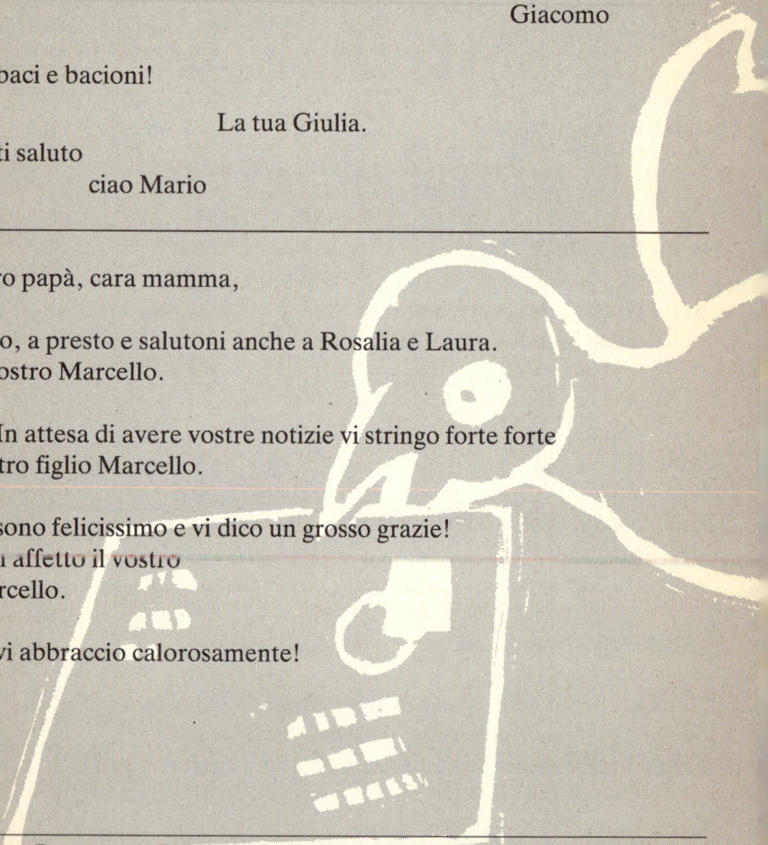

---

l'attesa: Erwartung **affettuosamente:** herzlich **bacioni:** dicke Küsse **salutoni:** dicke Grüße **stringere:** festhalten **abbracciare calorosamente:** herzlich umarmen (warm) **porgere:** sagen, geben (Grüße) **distinti saluti:** hochachtungsvolle Grüße **gradire:** annehmen **egregio:** sehr geehrt **cordiali saluti:** herzliche Grüße

Dott.ssa Asinelli Amburgo, 13. 11. 19...
Via Del Campo 156
GENOVA

Gentile Dottoressa Asinelli,

rispondo alla Sua del...
...
Le porgiamo i nostri più distinti saluti.
Il responsabile organizzativo

Spett.le Albergo «Pomodoro» Roma, 9. 12. 19...
Corso Francia 195
TORINO

Prego gentilmente di...
...
...vogliate gradire i miei più distinti saluti.
Francesco Santi.

Francesco Santi
Via Venaria, 28
20100 Milano
Tel. 02/322912

Sig. Rosario Di Laudo Avellino, 8. 8. 19...
Corso Antico 22
VITERBO

Egregio Sign. Di Laudo,
...
...
Le porgo i miei più distinti e cordiali saluti.
Angelo Serafinelli

Angelo Serafinelli
Via Santo Nonno 28
AVELLINO

Auguri, auguri

Buon Capodanno!

Buon Natale!

Buon Ferragosto!

Buone feste!

Buon Natale
e felice anno nuovo!

Buona Pasqua!

Buon appetito!
Grazie, altrettanto!

Buon compleanno!

Buon onomastico!

Buone vacanze!

COME STAI?

Sto bene!
Mi sento bene!
Mi sento a mio agio!
Ho la coscienza a posto!
Fa al caso mio!
Ho proprio culo!
Non sto bene!
Mi sono stufato!
Mi sono rotto!
Ho le palle piene!
Mi sta sullo stomaco!
Sono depresso!
Sono giù di corda!
Sono scoppiato!
Non ce la faccio più!
Sono deluso!
Peccato!
Che sfiga!
Non ne va bene una!
Non me l'aspettavo!
Mi sto annoiando!
Non me ne frega niente!
Che palle!
Sono insicuro!
Ma non so!
Non riesco a decidermi!
Non so che pesci pigliare!

Un graffito

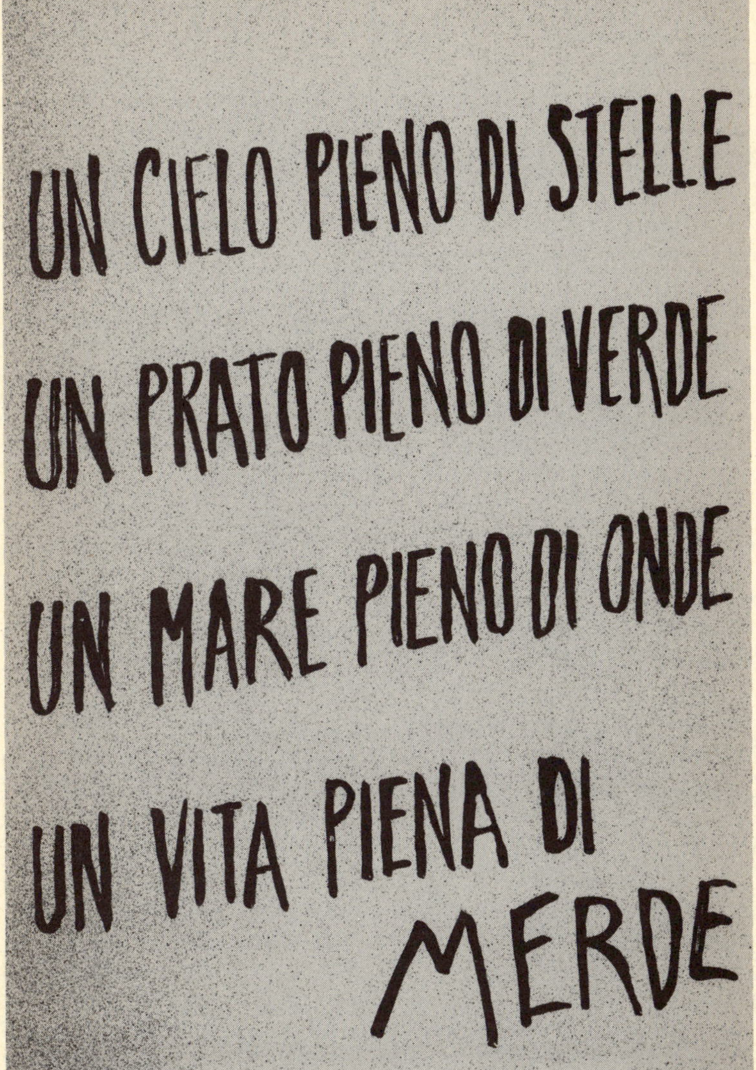
UN CIELO PIENO DI STELLE
UN PRATO PIENO DI VERDE
UN MARE PIENO DI ONDE
UN VITA PIENA DI
MERDE

Mi sento bene!

Sto bene, grazie.
Eri stato parecchio male, eh?
Eh sì. Due settimane in ospedale, poi il periodo della convalescenza, ma adesso mi sono ripreso, oggi, per esempio, ho mangiato con molto appetito!

Sono veramente contento: hanno ridotto l'orario di lavoro, così avrò più tempo da dedicare ai miei hobby.

Va benissimo, grazie. Ho avuto un'enorme fortuna: ho vinto il concorso per un posto alle poste!

Allora, ti piace questo luogo?
Sì, mi piace proprio; è quello che cercavo: è tranquillo, l'aria è pulita, la gente è simpatica . . . ci starei una vita!

Mi sento proprio in forma! Potrei mangiare un maiale tutto da solo!

Che sguardo che hai oggi . . .
Sì sono proprio felice: è una bambina e pesa quasi tre chili!
Congratulazioni!

Allora ti piace questa macchina?
Sì, fa proprio al caso mio: non costa molto, è comoda e mi sembra in uno stato abbastanza buono.

Signor ingegnere, cosa può dirci a proposito del ponte che è crollato ieri e che lei aveva progettato?
Ma io ho la coscienza a posto, non ho da rimproverarmi niente. Se ci sono delle responsabilità sono da ricercare altrove!

---

parecchio: sehr, viel **la convalescenza:** Genesung **l'orario:** Stundenplan **vincere:** gewinnen **il maiale:** Schwein **la congratulazione:** Glückwunsch **fa al caso mio:** das ist was für mich **abbastanza:** ausreichend **crollato:** abgestürzt **la coscienza:** Gewissen **rimproverarsi:** sich Vorwürfe machen

Come ti trovi nella tua nuova casa?
Benissimo, grazie! Mi sento proprio a mio agio: è così grande, comoda, spaziosa e poi con quel bel giardino e soprattutto non c'è quel traffico pazzesco di dove abitavo prima!

Giulio! Che espressione felice che hai stamattina!
Mi sembra di toccare il cielo con un dito! Mi sono innamorato di Marina... e lei di me!

È mai possibile che prendi sempre tu le carte migliori!
Mi dispiace per te, ma oggi per me è una giornata fortunata; ho proprio culo!

Oggi siamo tutti invitati ad una piccola festa a casa di Renzo. Vieni anche tu?
Volentieri, ma che cosa festeggiamo?
Come non lo sai? Gli è nata una bella bambina!
Veramente?! Mi fa molto piacere!

Mamma, mamma, sono stato promosso con il massimo dei voti!
Bravo figlio mio, sono fiera di te! Sono proprio felice che tu abbia superato bene anche quest'anno scolastico!

Ti piace il tuo nuovo ufficio?
Moltissimo, sono proprio felice di lavorare qui: è così bello che sembra un sogno, è un ambiente che rilassa, che ti fa venire voglia di lavorare anche quando non ne hai!

---

sentirsi a proprio agio: sich an einem Ort wohl fühlen **spazioso:** geräumig **toccare il cielo con un dito:** den Himmel offen sehen (wörtlich: den Himmel mit einem Finger berühren) **avere culo** (!): Glück haben (wörtlich: Arsch haben) **promosso:** befördert, versetzt **il voto:** Note **fiero:** stolz

Mi sono stufato

Ma che cos'hai?
Mi sono rotto! Mamma, è mai possibile che mi fai tutti i giorni la stessa minestra?

Che rottura che sei! Non puoi ripetermi tutti i giorni la stessa domanda: ti ripeto che è da allora che non l'ho più visto!

Ho le palle piene! Avrei voglia di buttare questi libri nell'immondizia!
Come mai?
Ma ho assistito a tutte le lezioni e mi sembra di saperne ancora meno di prima!

Senti, Salvatore ci tiene proprio a parlarti.
No e poi no! Quello lì mi sta proprio sullo stomaco; non parlo con certe persone!

Quell'arbitro mi fa uscire di testa!
Vedo. Hai completamente ragione sta cominciando a ripetere gli stessi sbagli dell'ultima volta.

È già da molto che sei qui ad aspettarlo?
Avremmo dovuto incontrarci alle tre e sono già le quattro, basta, mi sono stufato, andiamo via!

Chi ha vinto la partita?
Loro. Ma solo perché noi eravamo tutti quanti a pezzi: ieri sera avevamo esagerato . . . le feste sono belle ma . . .

Che occhiaie nere che hai!
Sì, lo so. Sono anche stanco morto, sono due notti che non dormo, me ne vado di corsa, ciao.

Devi andare in ferie, hai bisogno di vacanze!
Sì, è vero, sto cominciando a dare i numeri: sono due anni che lavoro senza un giorno di vacanza.

Ho ripetuto di nuovo lo stesso sbaglio!
Ma si può essere cosí stupidi?!

Mamma mia che estate afosa!
Veramente, non ce la faccio più con questo caldo!

Ma che cos'hai?
È una porcheria: quelle insinuazioni su mio fratello sono veramente ridicole!

Anche oggi sei molto pallido.
Lo so, è da un po' di tempo che non mi sento bene. Sono proprio stufo! Questo maledetto raffreddore non mi passa più.
Ma non prendi delle medicine contro il raffreddore?
Forse lo sbaglio è proprio questo: sono contrario a quel tipo di medicinali perché ti curano una cosa e te ne fanno venire un'altra!

---

essersi rotto: es dicke haben **che rottura:** was für ein Nervkram **la minestra:** Suppe **allora:** damals **avere le palle piene** (!): die Nase voll haben (wörtlich: die Eier) **buttare:** wegwerfen **tenersi:** darauf Wert legen **di uscire testa:** verrückt machen **essersi stufato:** es satt haben **la partita:** Spiel **esagerare:** übertreiben **le occhiaie:** Ringe unter den Augen **dare i numeri:** verwirrt sein **afoso:** schwül **la porcheria:** Schweinerei **l'insinuazione:** Unterstellung **ridicolo:** lächerlich **pallido:** blaß **essere stufo:** es satt haben **maledetto:** verdammt **il raffreddore:** Erkältung

Che tristezza!

Come va?
Purtroppo non posso darti la solita risposta, perché mi sento veramente uno straccio.
Si vede, mi sembri un cane bastonato.
E avrei voluto vedere te dopo una disgrazia così... un incidente di macchina... è morto il mio cane...
Oh, mi dispiace, non lo sapevo... condoglianze.

Sono depresso!
Ma non hai fatto una terapia?
Ho smesso anche con la terapia, mi ero accorto che non serviva a niente.
Perché non fai un viaggio?
Mi vuoi deprimere ancora di più?! Con quali soldi dovrei farlo?!

Ho il morale a terra!
Che ti è successo?
È scappato Mimí.
E chi è Mimí?
Il mio gattino, gli ero cosí affezionato, era cosí caro con quei suoi occhietti...

Eih Giorgio, ma che è successo a Gigi? Non fa altro che ripetere che tutto gli sembra senza senso, tutto così vuoto, che non ce la fa più. Fino a poco tempo fa era sempre così allegro.
Ma come non lo sai? La Gabriella, l'ha piantato improvvisamente.

Che film di merda! Era da molto tempo che non vedevo un mattone così!
Ma, io... in alcuni momenti mi sono divertito moltissimo.
Cosa? Quando?
Ma durante la pubblicità naturalmente!

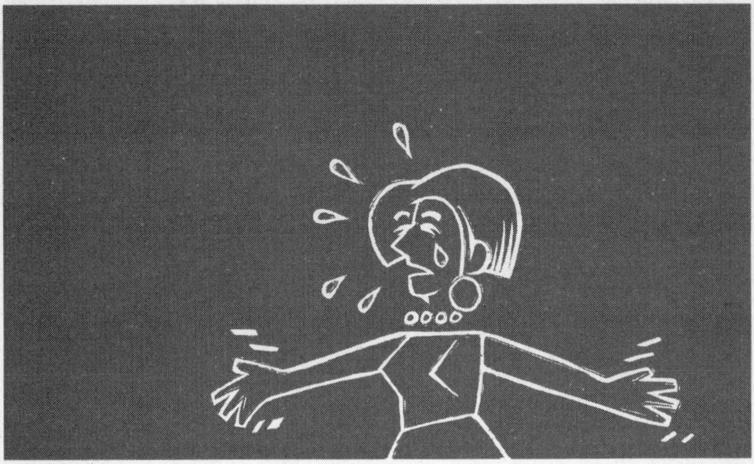

Mamma mia, che faccia che fai!
E vorrei vedere te al posto mio! Vai al teatro credendo di vedere uno spettacolo divertente e intelligente e invece è noioso e stupido!

Ma che fai... piangi?! Deve essere molto commovente quel libro...
Macché, piango dalla rabbia perché nel libro ho trovato questo biglietto di Marco. Quel porco!

Cosa?! Vuoi telefonare a Sergio? Ti consiglio di lasciar perdere.
E perché?
Perché ultimamente è proprio scoppiato: è in un mare di guai.
E che amico sei?
Senti, non ho più voglia di fare l'assistente sociale!

Maria, che ne dici di andare a trovare Saverio, perché stamattina mi è sembrato un po' giù di corda.
È un'ottima idea, forse riusciamo a tirarlo un po' su.

---

purtroppo: leider **lo straccio:** Lumpen **bastonato:** geschlagen **la disgrazia:** Unglück **le condoglianze:** Beileid **accorgersi:** bemerken **scappare:** abhauen **affezionato:** zugetan **piantare:** sitzenlassen **il mattone:** langweiliger Schinken (wörtlich: Ziegelstein) **piangere:** weinen **commovente:** rührend **macché:** aber was **essere scoppiato:** am Ende sein (wörtlich: geplatzt) **il guaio:** Unglück **essere giù di corda:** niedergeschlagen sein (corda: Seil)

Che sfortuna!

Questa è proprio una settimana nera!
Come mai?
Non me ne va bene una: lunedì mi ha lasciato la Mimí, martedì ho litigato con Fifí, mercoledì non è stato un buon dì, oggi è giovedì ed ho ancora da lavorare come una bestia, oggi e venerdì... e sabato?

Figli miei m'avete veramente deluso!
Ma papà, tu devi capire che i tempi sono cambiati.
Ma va', certe cose erano giuste ieri come lo sono ancora oggi!

Che sfiga! Porca miseria che sfiga!
Che hai?
Una volta, per una volta che non abbiamo usato il preservativo... è incinta!

Ma guarda un po': abbiamo fatto trenta chilometri per venire a mangiare in questa trattoria e adesso...
La pasta è scotta, la carne è come il cuoio, no, non ne è valsa la pena di fare tutti quei chilometri. Mai più!

Quello è un ragazzo senza cervello!
E io che contavo su di lui, peccato!

No, questa da te non me l'aspettavo... dopo tutta l'amicizia che ti ho dimostrato...
Ma guarda che ti stai sbagliando di grosso, non sono stato io a romperti la macchina, ma...

Ma che cosa ho fatto di male per dover portare questa croce?! Non ne va bene una!
Su coraggio...
Proprio a me doveva capitare: un figlio deficente, una moglie infedele, un padre malato...

Non me l'aspettavo! Se l'avessi saputo prima, qui non ci sarei mai venuto!
Ma guarda un po' che mare inquinato.
E pensare che paghiamo un sacco di soldi per quell'appartamento.

Che scarogna oggi!
Che ti è successo?
Non solo mi hanno rubato la macchina... in più quei carabinieri stupidi come...: sono andato in caserma per fare la denuncia, ho bussato e dopo dieci minuti ha aperto il maresciallo e mi fa: «Non c'è nessuno!» Io mi sono imbestialito, abbiamo cominciato a litigare e adesso ho anche una denuncia per offesa a pubblico ufficiale!

Che sfiga! La mia nuova autoradio...
L'autoradio...?!
Sì, per una volta che non l'ho tirata fuori dalla macchina... dieci minuti, ho parcheggiato la macchina per dieci minuti e al ritorno: finestrino rotto, autoradio sparita!

---

il dì: Tag **deluso:** enttäuscht **la sfiga** (!): beschissenes Pech (wörtlich: ohne Möse) **in cinta:** schwanger **scotto:** verkocht **il cuoio:** Leder **non ne vale la pena:** es ist nicht der Mühe wert **il cervello:** Gehirn **peccato:** schade **dimostrare:** beweisen, zeigen **il coraggio:** Mut **capitare:** geschehen **la scarogna:** Pech **la denuncia:** Anzeige **il maresciallo:** Wachtmeister **imbestialirsi:** aus der Haut fahren, wütend werden **il pubblico ufficiale:** Beamter **la sfiga** (!): Pech (wörtlich: ohne Möse) **sparito:** verschwunden

Che noia!

Che noia!
Come che noia! Ma non ti piace questa musica, la gente, l'atmosfera...
Lascia perdere, è inutile, mi sto annoiando e me ne vado via!

Hai pagato le tasse?
No.
Hai pagato la bolletta del telefono?
No.
Hai pagato l'affitto?
No.
Ma guarda che vai a finire male!
Che me ne fotte (!)

Andiamo a teatro? C'è un pezzo di Pirandello.
Non ne ho voglia.
Andiamo al cinema? C'è l'ultimo film di Scorzese.
Non sono in vena!
Allora andiamo al palazzetto dello sport, c'è Battiato che...
Non me ne frega un cazzo!

Che discussione lunga e pallosa...
Chi la vuole cotta e chi la vuole cruda...
Basta me ne vado, qui mi sento un pesce fuor d'acqua!

---

la tassa: Steuer **la bolletta del telefono:** Telefonrechnung **l'affitto:** Miete **che me ne fotte:** Was geht mich der Dreck an! **essere in vena:** in Stimmung sein **non me ne frega un cazzo** (!): das juckt mich nicht im geringsten (wörtlich: reibt mir den Schwanz) **palloso:** ätzend **cotto:** gekocht **crudo:** roh

È lo stesso!

Allora ti piace questo paesino medievale?
Mmmm.
E questo lago così bello, sempre così diverso, affascinante...
Mmmm.
E tutti questi negozietti molto...
Ma non me ne frega niente, in questo periodo un posto vale l'altro!

Hai letto l'ultimo libro di Sollazzi?
Sì.
E allora che ne pensi?
Mi lascia indifferente, non mi dice niente di nuovo.

Tu hai in testa solo il tuo maledetto lavoro!
E tu mi ripeti sempre le stesse cose!
E tu non cambi nemmeno un po'!
Che palle, e smettila!

E pensare che avrebbe dovuto essere una vacanza interessante!
Sì, la vacanza intelligente... la mattina il corso, il pomeriggio programma culturale. La sera mangiare bene e bere ancora meglio...
E invece niente di tutto questo...
Mi domando che stiamo ancora a fare qui...

Vuoi bere qualcosa?
Sì.
Vuoi un'aranciata, una birra, un bicchiere di vino, un... insomma che vuoi?
Ma è lo stesso!

---

il negozietto: kleiner Laden **maledetto:** verdammt **che palle** (!): wie langweilig (wörtlich: was für Eier!) **smettere:** aufhören **insomma:** in Kürze

O questo o quello!

Allora, deciditi: o con lei o con me! Non ho più voglia di andare avanti così!
Mah, non riesco a decidermi; vedi, tu sei molto cara e dolce, ma lei...
Lei, che cosa?! Non voglio più sentirne parlare, mi devi dire una volta per tutte che cosa vuoi. Hai una settimana di tempo. Ciao.

Per quale partito voterai alle prossime elezioni?
Non so... se devo essere sincero non andrei neanche a votare: un partito vale l'altro!
Va be', ma pensa che cosa succederebbe se tutti quanti non andassimo a votare...
Perché tu credi che andando a votare riesci a cambiare qualcosa?!

Allora, questo pantalone Le piace, o preferisce quest'altro?
Sono alquanto indeciso, perché, vede... di questi mi piace la stoffa, ma non il taglio; di questi altri mi piace il taglio ma non la stoffa...
Ma prenda questi qui allora... vede che stoffa e che taglio...
Sì, ma questi hanno un prezzo che mi sembra esagerato. No, non so proprio che prendere... ripasso domani. Arrivederci.

---

il partito: Partei **votare:** wählen **l'elezione:** Wahl **il pantalone:** Hose **alquanto:** ziemlich **il taglio:** Schnitt **esagerato:** übertrieben **ripassare:** wieder vorbeigehen

Non so proprio

Allora, mi spieghi perché ti contraddici sempre?
E che ti devo dire? Neanch'io riesco a capirmi. Forse ha a che fare con l'educazione che ho ricevuto, forse è questo ambiente in cui viviamo... guarda, non so proprio: più ci rifletto e più mi sento insicuro. Lasciami stare, per favore!

Imbecille! Ma non ha visto che il semaforo era rosso?!
Mi scusi, lei ha ragione... ma non so cosa dire, non capisco come sia potuto succedere...
Mi dia i dati della sua assicurazione!

Non so proprio che pesci pigliare...
Come, tu, tu che sei sempre stata una persona così decisa, sempre sicura, così tanto sicura da apparire quasi arrogante?
Sí, io, proprio io! Ultimamente mi sento un po' in crisi. Da un lato sono contento della mia situazione, dall'altro lato mi piacerebbe...
Senti, guarda che non si può avere capra e cavoli!

Dai tesoro, deciditi: vieni con me al mare questo fine settimana.
Mi piacerebbe moltissimo, ma non so che cosa raccontare a mia moglie...
Sì sì, le prime volte che ci incontravamo avevi sempre pronte delle buone scuse, ma adesso...

---

contraddirsi: sich widersprechen **l'educazione:** Erziehung **non so che pesci pigliare:** ich weiß nicht, was ich tun soll (wörtlich: welche Fische nehmen) **riflettere:** überlegen **imbecille:** dumm **il semaforo:** Ampel **apparire:** erscheinen **non si può avere capra e cavoli:** du kannst nicht alles haben (wörtlich: Ziege und Blumenkohl) **il tesoro:** Schatz **la scusa:** Ausrede

Pregi e difetti

affettuoso: liebevoll
affidabile: zuverlässig
allegro: lustig
astemio: abstinent
attento: aufmerksam
attraente: attraktiv
colto: gebildet
grazioso: niedlich
impeccabile: tadellos
intelligente: klug
irresistibile: unwiderstehlich
maturo: reif
misterioso: geheimnisvoll
onesto: ehrlich
premuroso: zuvorkommend
raffinato: fein
tollerante: tolerant
vivace: lebendig
volenteroso: willig, eifrig

altezzoso: hochmütig
ambiguo: zweideutig
arido: trocken
assurdo: absurd
cinico: zynisch
coglione (!): saublöd
credulone: leichtgläubig
cretino: schwachsinnig
disonesto: unanständig
esaltato: übergeschnappt
fessacchiotto: trottelig
ignorante: ignorant
impertinente: frech
imprevedibile: unberechenbar
ingordo: unersättlich
intollerante: unduldsam
invadente: aufdringlich
maleducato: ungezogen
monotono: langweilig
permaloso: übelnehmerisch
piagnucoloso: weinerlich
prepotente: anmaßend
rigido: streng
scontroso: störrisch
stupido: dumm
superficiale: oberflächlich

HAI VOGLIA DI...?

Hai voglia di…?

Che ne dici di…?

Ti piacerebbe di…?

Cosa prendi?

Ci facciamo un bicchierino?

Hai già un impegno?

Ti propongo di…?

Ci sto!

Va bene!

D'accordo!

Volentieri!

Con molto piacere!

Perché no?

No grazie!

Non ne ho voglia!

Mi dispiace ma non mi va!

Neanche per sogno!

Non ho bisogno di niente!

Ti ringrazio, ma non posso!

Caffè o bicchierino?

In Italia, quando si va a casa di qualcuno, la prima cosa che ti chiedono è: cosa prendi, un caffè o un bicchierino? Queste due cose, al contrario del cappuccino che viene bevuto soltanto la mattina a colazione, si offrono a qualsiasi ora del giorno.

Presso una famiglia tradizionale:
Il caffè, lo prende, vero?
Sì, ma veramente...
Intanto assaggi questi pasticcini, chissà... forse non le piacciono. Li facciamo noi in casa.
No, no, sono squisiti!
Su, ne prenda ancora uno, non faccia complimenti!

Invitare un caro amico:
A proposito, anche Daniele passa da te sabato prossimo.
Ma come, non era in Sardegna?
È tornato due giorni fa e ha portato del pecorino sardo per noi.
Hai vogli di dirgli che venga? Lo aspetto a braccia aperte!

Alla festa:
Ciao Daniele. Posso farti una domanda un po' indiscreta?
Puoi chiedermi tutto ciò che vuoi.
È vero che hai portato del pecorino dalla Sardegna?
Come no, eccolo: prendete, è tutto per voi.

Una cena tra colleghi:
Sei rientrato tardi ieri sera?
Sì, ho perso una scommessa ed ho offerto una cena a tutti i colleghi.

---

il bicchierino: Gläschen **il pasticcino:** Feingebäck **assaggiare:** kosten, probieren **squisito:** köstlich **a braccia aperte:** mit offenen Armen **il pecorino sardo:** sardischer Schafskäse **fare complimenti:** sich zieren **la scommessa:** Wette

Che ne dici di...

Ciao Daniele, ho saputo che sei andato in Svizzera in vacanza, come sei stato?
Ho fatto molte escursioni in montagna.
Mi racconti tutto da cima a fondo?

Hai visto che prezzi che fa la Rinascente?
Perché è già cominciata la svendita di fine stagione?
Sì, i prezzi sono dimezzati, andiamo a dare uno sguardo, domani?
Certo, bisogna battere il ferro finché è caldo.

Ti piacerebbe di fare una partita a pallone oggi pomeriggio?
Ti direi di sì, se non avessi già un brutto impegno di lavoro!

Andiamo a fare un salto a Pinerolo? Mi hanno detto che stasera c'è una festa in piazza.
È un'ottima idea: oggi ho proprio voglia di distrarmi un poco!

Che caldo che fa oggi, per fortuna domani è sabato e non devo andare a lavorare.
Che ne dici di fare una scappata a Viareggio?
È una bella idea!

---

da cima a fondo: von vorne bis hinten (wörtlich: von Gipfel bis Grund) **la svendita:** Ausverkauf **dimezzati:** halbiert **battere il ferro finché è caldo:** das Eisen schmieden, solange es heiß ist **la partita a pallone:** Fußballspiel **l'impegno:** Beschäftigung **fare un salto a:** auf einen Sprung gehen zu **distrarsi:** sich ablenken **fare una scappata:** einen Abstecher machen

Volentieri!

Invito:
Vieni da me questa sera?
Sì, vengo volentieri a casa tua, anche perchè tua madre prepara dei buoni pranzi.

Proposta di lavoro:
Mi serve un cameriere per il fine settimana.
Com'è la paga?
Centomila al giorno più le mance naturalmente.
D'accordo, ci sto!

Amicizia:
Mi dai una mano a fare il trasloco?
Con molto piacere! Ad un amico non dico mai di no!

Un conoscente malvisto:
Andrea ci ha invitati a giocare a pallavolo.
Viene anche quel rompiscatole del Gioberti?
Figurati se manca quello lì, nessuno lo voleva ma lui ha colto subito la palla al balzo.
Va bene!

Mangiare:
Mangi qualcosa?
Di fronte a una proposta del genere non mi tiro mai indietro!

Tentazione:
La settimana prossima vado a trovare Marco.
Ma come non era tutto finito?
Si ma... quando ieri sera mi ha chiamato al telefono dicendomi che aveva nostalgia di me, non ho resistito alla tentazione.

---

la mancia: Trinkgeld **contare su:** rechnen mit **dare una mano:** helfen (wörtlich: eine Hand geben) **il trasloco:** Umzug **il rompiscatole:** Nervensäge (wörtlich: Schachtelbrecher) **cogliere la palla al balzo:** die Gelegenheit beim Schopf fassen

Mille grazie!

Sì, pronto, chi parla?
Ciao Angela, sono io. Sono alla stazione, il treno è arrivato con due ore di ritardo!
Aspettami all'uscita principale. Sarò lì in due minuti!

Per caso due amici si incontrano in una stazione:
Che fai, scappi!
Sì, faccio una scappata di due giorni a Roma.
Allora salutami il papa.
Ah certo non me lo faccio scappare quello lì!

Hai l'ultimo di Umberto Eco?
Se vuoi te lo passo, tanto io l'ho comprato ma non ho tempo per leggerlo.
Dici sul serio?
Certo, te lo do di cuore.

Aumento:
Signor Chicco, Lei ha dimostrato di essere un lavoratore diligente, è sempre puntuale, molto rispettoso... e così ho deciso di aumentar Le la paga.
La ringrazio, signor direttore.

Il presidente e il vicepresidente del Consiglio dei Ministri:
Giovanni, io vado in America dal presidente americano.
Che facciamo con i sindacati dei ferrovieri?
Quelli vogliono un altro aumento!
Pensaci tu, ti dò carta bianca.

---

il ritardo: Verspätung **scappare:** abhauen **farselo scappare:** es sich entgehen lassen **aumentare:** erhöhen **la paga:** Lohn **Il Consiglio dei Ministri:** Ministerrat **il sindacato dei ferrovieri:** Eisenbahnergewerkschaft **dare carta bianca:** jemandem freie Hand lassen

Ti prego, non insistere!

Che fai stasera, hai già un impegno?
Esco con la mamma.
E dove andate... in chiesa?
Cretino! Andiamo dalla zia.
Allora ti propongo di venire al cinema con me, domani sera.
Non posso, domani sera viene la zia a casa nostra.

Vogliamo andare a cena domani sera?
Non posso... ho il corso di inglese.
Allora mercoledì...
Mi dispiace... ma non mi va! Mercoledì ho il corso di ginnastica.
E giovedì sera?
Giovedì sera ho il corso di cucina, ma se vuoi, puoi venire anche tu e ceniamo lì.
No grazie, non ho voglia di fare da cavia!

Ti piacerebbe di trascorrere le vacanze insieme?
Ma certamente! Che bello sarebbe, ma...
E dai, lascia stare i tuoi ma e dimmi solo di sì!
Ti dico di sì se anche tu mi rispondi di sì.
Sicuro, dimmi...
Paghi tutto tu?

Il Papa a Lefebrve:
Caro Lefebrve, torna a casa ti prego.
Giovanni caro, mi dispiace, ma qui sto molto bene.
Te lo chiedo in nome di Dio, ritorna o ti scomunico!

---

cretino: dumm **la cavia:** Versuchskaninchen (Meerschweinchen) **lasciare stare:** sein lassen **scomunicare:** exkommunizieren

No, grazie!

Porca miseria! Mi si è rotta di nuovo la macchina!
Che cosa ti è successo?
È un'altra volta il carburatore che fa brutti scherzi! Potresti prestarmi la tua macchina per la prossima settimana?
Per favore, non chiedermi cose impossibili: lo sai che mi serve per andare a lavorare.

E mangia ancora, figlio mio non vedi come sei magro?
E mamma... non insistere per favore. Sono pieno da scoppiare!

Eih bella! Vieni con me a casa mia stasera?
Ti ringrazio per l'invito, ma ho già un impegno migliore!

Cara, domani voglio svegliarmi prestissimo: alle sei e trenta. Vuoi alzarti insieme a me così...
Neanche per sogno! Domani voglio recuperare qualche ora di sonno; è l'unico giorno in cui posso dormire più a lungo!

Arriva un venditore ambulante in spiaggia:
Vuole comprare un accendino?
No, grazie.
E che ne dice di questo orologio svizzero?
No, grazie.
E allora perché non prende questa radiolina americana?
Non ho bisogno di niente!

Al ristorante:
Il primo era veramente buono!
A me è piaciuto di più il secondo: era ottimo!
Cameriere: I signori desiderano della frutta?
No, grazie, va bene così!

---

porca miseria: verdammte Schweinerei **rompersi:** brechen, kaputtgehen **il carburatore:** Vergaser **prestare:** leihen **magro:** dünn **pieno da scoppiare:** zum Platzen voll **neanche per sogno:** nicht mal im Traum **recuperare:** nachholen **il sonno:** Schlaf **il venditore ambulante:** Straßenverkäufer

Ti ringrazio

Ecco il conto.
Tante grazie e tenga pure il resto.
Grazie a lei.

Scuso dov'è piazza Matteotti?
In fondo a questa strada a destra.
Ti ringrazio, ciao.
Di niente.

Che tempo avete avuto in montagna?
Grazie a Dio ha piovuto solo una volta.

Sei contento del nuovo lavoro?
Non mi posso lamentare, grazie al cielo.

Signora, sta perdendo il portafoglio!
Oh grazie! Grazie di cuore!

Può dirmi, per favore, che ore sono?
Certo! Sono le tre e mezza.
Grazie.

E questo regalino è per te, questo è per tua moglie, e questi due pacchettini sono per i tuoi figli.
Sono veramente commosso! Ti ringrazio anche a nome di mia moglie e dei miei figli.

---

in fondo a: am Ende von **ringraziare:** sich bedanken **grazie a Dio:** Gott sei Dank **piovere:** regnen **lamentarsi:** sich beschweren **il portafoglio:** Brieftasche **la moglie:** Ehefrau **commosso:** gerührt

Meglio tardi che mai!

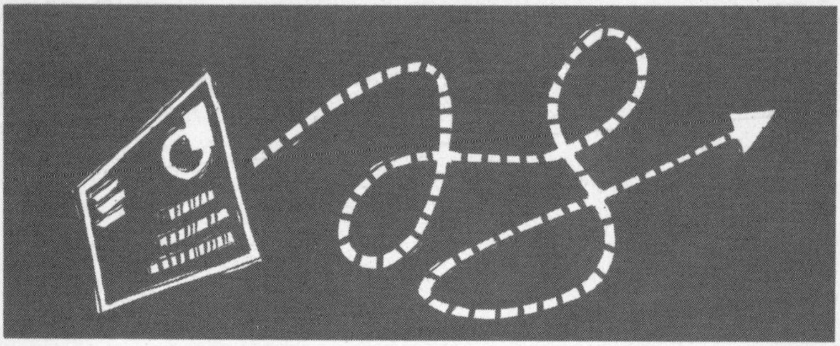

Alcuni anni fa una lettera impiegò sette anni prima di giungere nella cassetta del suo destinatario. Quest'ultimo all'inizio restò un po' sorpreso ma fu ugualmente felice di averla ricevuta perché dal suo contenuto apprese di avere ereditato una villa al mare lasciatagli da una vecchia zia da tutti dimenticata.
Meglio tardi che mai! Disse a sua moglie felice.

Alcuni ringraziamenti tramite lettera o cartolina:
La ringrazio anticipatamente per la Sua attenzione!
Gliene sono infinitamente grato!
Spero di poterti ricambiare il favore alla prossima occasione!
Sono commosso per la Sua partecipazione!
Non so come ringraziar La!

Lo sai che ieri mi è arrivata la tua cartolina dalle Seychelles di due mesi fa?
Beh, meglio tardi che mai!

Ti dispiace se domani arrivo un po' più tardi alla festa?
Non fa niente, meglio tardi che mai.

---

impiegare: brauchen **il destinatario:** Empfänger **apprendere:** erfahren **ereditare:** erben **tramite:** durch **essere grato:** dankbar sein **essere commosso:** gerührt sein

Andiamo a mangiare?

Andiamo in un locale	raffinato	ampio e confortevole
rustico	antico	tipico
familiare	tranquillo	straordinario
intimo	semplice	classico
elegante	accogliente	di lusso

E i prezzi come sono? Sono elevati, medi, bassi?

E la cucina, il vino, il servizio? Quante domande! Per questo è possibile trovare tutta una serie di guide alla cucina italiana. Segue un esempio di simboli tratti da una guida di Veronelli.

segnala il ristorante di cucina – quanto meno in netta prevalenza – marinara.

cucina creativa.

segnala la cucina molto buona;
ottima;
eccellente.

segnala la cantina molto buona;
ottima;
eccellente.

particolare attenzione al vino del luogo.

segnala la buona scelta di acqueviti (grappe, whisky, cognac e così via).

caffè superbo.

segnala i ristoranti in cui il servizio del vino è effettuato da un sommelier.

★ segnala il luogo di particolare piacevolezza.

segnala il ristorante – curiosità, stravaganza, fascino, genio, sregolatezza, fai tu – di singolare osservanza.

---

rustico: ländlich **raffinato:** raffiniert **accogliente:** gastfreundlich **ampio:** geräumig **straordinario:** außerordentlich **la guida alla cucina:** Gourmetführer **prevalenza:** vorwiegend **superbo:** prachtvoll **effettuare:** ausführen **la sregolatezza:** Liederlichkeit

Sara

Sara, svegliati, è primavera
Sara, sono le sette e tu devi andare a scuola
Sara, prendi tutti i libri ed accendi il motorino
e poi attenta, ricordati che aspetti un bambino.
Sara, se avessi i soldi ti porterei ogni giorno al mare
Sara, se avessi il tempo ti porterei ogni giorno a far l'amore
ma Sara, mi devo laureare
e forse un giorno ti sposerò
magari in chiesa
come tua madre sta aspettando per poter piangere un po'
Sara tu vai dritta non ti devi vergognare le tue amiche
dai retta a me lasciale tutte parlare
Sara, è stato solo amore
se nel banco non c'entri più
tu sei bella
anche se i vestiti non ti stanno più
Sara, mentre dormivi l'ho sentito respirare
Sara, mentre dormivi ti batteva forte il cuore
Sara tu non sei più sola, il tuo amore gli basterà
il tuo bambino, se ci credi nascerà

Antonello Venditti, 1978

SCUSA, MA È COLPA TUA!

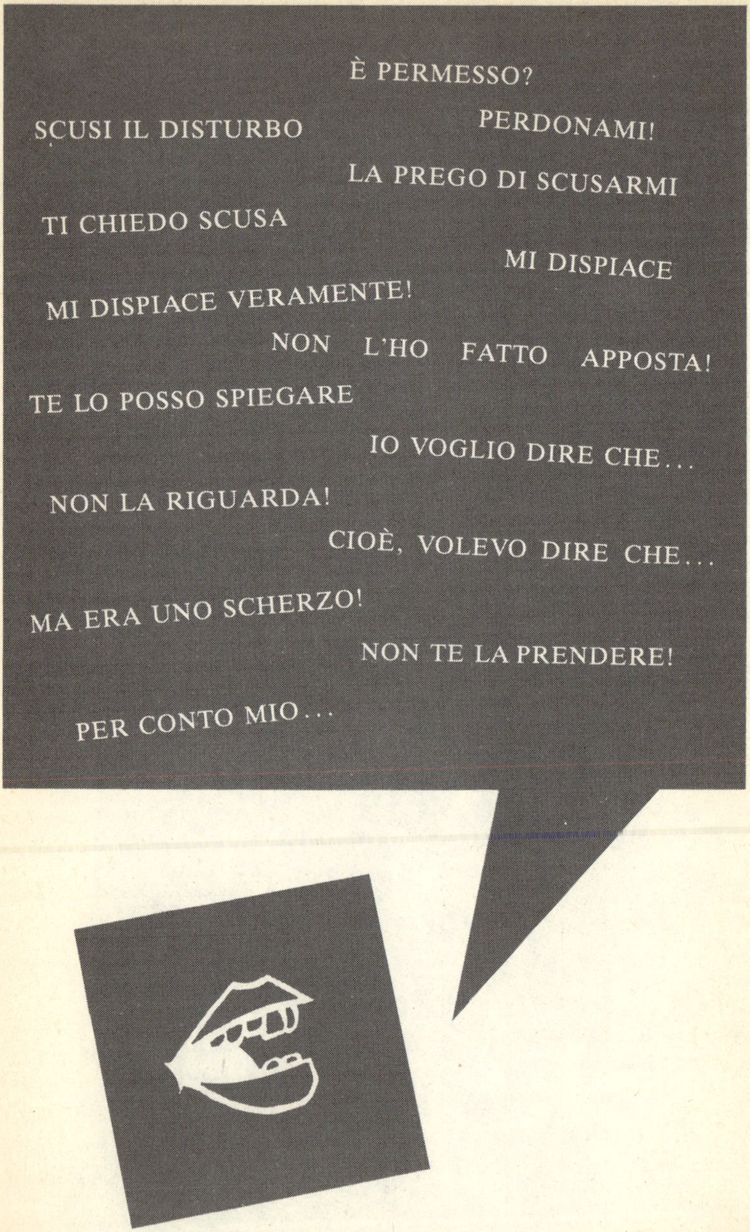
È PERMESSO?
SCUSI IL DISTURBO
PERDONAMI!
LA PREGO DI SCUSARMI
TI CHIEDO SCUSA
MI DISPIACE
MI DISPIACE VERAMENTE!
NON L'HO FATTO APPOSTA!
TE LO POSSO SPIEGARE
IO VOGLIO DIRE CHE...
NON LA RIGUARDA!
CIOÈ, VOLEVO DIRE CHE...
MA ERA UNO SCHERZO!
NON TE LA PRENDERE!
PER CONTO MIO...

Prego

Permetti una domanda?
Certo, dimmi pure.
È permesso fumare?
Non è permesso, ma viene tollerato.

In un autobus affollato:
Permesso, signora, dovrei scendere.
Prego, passi pure!

Davanti ad una porta chiusa:
Toc, toc, toc...
Chi è?
Permesso? Scusi il disturbo...
Ah, è Lei signor Brambilla, venga La stavo aspettando.

Essere in ritardo:
Scusa il ritardo, ma te lo posso spiegare...
Non ti preoccupare, anch'io sono appena arrivato.

Essere in ritardo a Napoli:
La prego di scusarmi, ma non ho fatto in tempo a prendere l'autobus.
Ma scusi, perché si scusa?
Sì, ma non avevamo detto che l'appuntamento era alle dieci?
Sì, ma questo significa che alle dieci l'appuntamento comincia!

Incomprensioni tra lui e lei:
Perdonami cara, non era mia intenzione offenderti, cioè volevo dire che quella frase mi è scappata per caso.
Ci devo credere?
È la verità!
Va beh, non ne parliamo più, una volta può succedere.

---

permettere: erlauben **permesso:** darf ich? (entschuldigen Sie) **preoccuparsi:** sich Sorgen machen **fare in tempo:** rechtzeitig da sein **scappato:** hier: herausgerutscht

Una giornata nera!

Fra amici:
Paolo, sono molto dispiaciuto per ieri sera, ho perso i nervi e parlavo a vanvera.
Guarda, lasciamo stare, mettiamoci una pietra sopra e non parliamone più!

Fra moglie e marito:
Con te non si riesce più a parlare!
Lavoro tutto il giorno come una bestia, che pretendi! Cioè con questo voglio dire che ho bisogno di tranquillità!

Fra colleghi di lavoro:
Ha una faccia da funerale, che Le è successo?
Non c'è una cosa che va per il verso giusto: ho avuto una giornata nera!
È forse a causa dell'Antonella?
Questo non La riguarda!

Cosa c'è, non ti senti bene? Hai gli occhi arrossati.
No, io starei bene, è mio figlio che non mi lascia dormire, questa notte non ho chiuso occhio!

Dopo il film, al cinema:
Ti è piaciuto il film?
Sono rimasta colpita da quella scena brutale con molto sangue verso la fine.
Invece a me ha colpito moltissimo il fatto che non c'è stato l'abituale Happy-end per essere un film della Hollywood anni cinquanta.

Ciao Lucia, vi abbiamo aspettato fino a tardi, perché non siete venuti?!
Mi dispiace tanto. Non so come scusarmi. Sai che mio marito era andato in centro; è tornato molto tardi, dopo l'una! E così non siamo potuti venire.

Al lavoro:
È mai possibile che Lei viene a lavorare tutti i giorni in ritardo! Una volta è la sveglia che non funziona, un'altra volta c'è Sua moglie che non sta bene, poi è il bambino che sta male, e oggi quale scusa ha?!
E che ci posso fare io?! Non l'ho fatto apposta. Questa settimana me ne capita una al giorno, e oggi è stato proprio il massimo: ieri mia moglie è andata da sua madre e io questa notte non ho chiuso occhio tutta la notte, pensavo sempre: domani devo riuscire ad essere puntuale, anzi voglio arrivare in ufficio in anticipo. E così le ore passavano ed io non dormivo, risultato: mi sono addormentato solo stamattina ed ero così stanco che non ho sentito la sveglia!

Diffidenza:
Si vede che Laura è una persona come si deve: È vero sì che ha offeso Daniele, ma poi gli ha chiesto scusa!
Per conto mio, a queste cose non ci credo: chi si scusa si accusa!

Fiducia:
Daniele e Laura stanno di nuovo insieme.
Come, dopo tutto quello che è successo tra loro!
Eh, caro mio, la gente sa dimenticare: acqua passata non macina più!

Pigrizia:
In questo periodo dell'anno non ho voglia di fare niente!
Non te la prendere; è la primavera, i primi raggi di sole: aprile, dolce dormire!

---

parlare a vanvera: ins Blaue hinein reden **metterci una pietra sopra:** etwas begraben, vergessen **il funerale:** Begräbnis **non chiudere occhio:** nicht schlafen können **rimanere colpito:** betroffen sein **il marito:** Ehemann **la sveglia:** Wecker **capitare:** geschehen **puntuale:** pünktlich **in anticipo:** vorzeitig **la diffidenza:** Mißtrauen **offendere:** beleidigen **l'accusa:** Beschuldigung **l'acqua passata non macina più:** Vergangenes soll man ruhen lassen (wörtlich: das verflossene Wasser mahlt nicht mehr) **la pigrizia:** Faulheit

Scuse pubbliche

essere spiacente: bedauern **la clientela:** Kundschaft **il lutto:** Trauer **l'esercizio:** Geschäft **l'ambulatorio:** Arztpraxis

Scuse televisive:
Ci scusiamo con i signori telespettatori, ma le trasmissioni vengono interrotte per motivi tecnici.
Riprendiamo le trasmissioni pregando i telespettatori di volerci scusare per l'interruzione.

Scuse per lettera:
Siamo spiacenti per l'inconveniente e La ringraziamo per la pazienza dimostrata per così lungo tempo.

Giornali, rettifica:
Ci scusiamo con il Dottor Asinelli per i dati errati pubblicati nell'ultimo numero a pagina...

il telespettatore: Fernsehzuschauer **interrompere:** unterbrechen **la trasmissione:** Sendung **l'inconveniente:** Unannehmlichkeit **errato:** falsch

Scusa, ma è colpa delle stelle!

Ariete (dal 21.3. al 19.4.) Controllate l'impulsività per fare buona impressione a delle persone simpatiche che conoscerete durante la settimana. Durante il fine settimana avrete momenti di serenità in campo sentimentale. Attenti alla salute.

Toro (dal 20.4. al 20.5.) L'inizio della prossima settimana sarà molto promettente. Occupatevi delle cose più importanti. Impegnatevi nel lavoro. Non prendete iniziative di nessun tipo. Salute molto buona.

Gemelli (dal 21.5. al 20.6.) Settimana molto faticosa e impegnativa. Dedicate al riposo le ore libere per restare in forma. Siate prudenti. State accanto alla persona amata, lasciate stare i nuovi incontri. Seguite una dieta.

Cancro (dal 21.6. al 21.7.) Noterete che le vostre reazioni in famiglia e nel lavoro sono esagerate. È il caso di fare qualcosa contro di questo. Situazione sentimentale incerta. Le stelle consigliano di non prendere decisioni importanti in amore. Leggero esaurimento.

Leone (dal 22.7. al 22.8.) Riuscierete a lavorare così come piace a voi: i risultati saranno ottimi. Ma non economicamente! Il vostro giudizio non è sereno nei confronti di chi amate. Salute abbastanza buona.

Vergine (dal 23.8. al 22.9.) Nel lavoro le cose saranno molto serene, ma state molto attenti. Nell'amore avrete dei momenti di grande insicurezza che vi renderanno molto nervosi. Controllatevi di più. Salute in generale buona.

Bilancia (dal 23.9. al 22.10.) Le circostanze vi permetteranno di dire la vostra sul lavoro ma attenti a non irritare nessuno! Questa è sicuramente una settimana molto interessante dal punto sentimentale. Farete delle scelte importanti per il futuro. Salute in miglioramento.

Scorpione (dal 23.10. al 21.11.) Attenti: diplomazia e prudenza nel lavoro, soprattutto se siete in affari. Le cose procedono benissimo in amore. Non fate modifiche abbiate più fiducia nel destino. Riposatevi di più.

Sagittario (dal 22.11. al 21.12.) Le stelle vi favoriranno in particolare nelle scelte che farete nel lavoro. Attenzione invece alla famiglia! A metà settimana farete degli incontri molto piacevoli. Divertitevi. Riposate di più.

Capricorno (dal 22.12. al 19.1.) Prenderete parte a delle discussioni difficili che riguardano il vostro lavoro. Attenti a non assumere una posizione precisa. Sarete al centro delle attenzioni della persona amata. La salute rimarrà discreta.

Acquario (dal 20.1. al 18.2.) La confusione che sentite non è fuori di voi, ma dentro di voi. Fate una pausa di riflessione e valutate le cose con esattezza. Confidate tutto alla persona che amate. Attenzione: esaurimento in vista.

Pesci (dal 19.2. al 20.3.) In ogni cosa che state per fare potreste avere sfortuna. Riflettete a lungo prima di fare qualcosa. I vostri problemi amorosi non vi permetteranno di rilassarvi. La vostra salute è ottima!

---

la serenità: Ruhe, Heiterkeit **il campo:** Bereich, Feld **promettente:** vielversprechend **impegnarsi:** sich engagieren **faticoso:** anstrengend **prudente:** vorsichtig **esagerato:** übertrieben **l'esaurimento:** Erschöpfung **rendere:** machen (hier) **le circostanze:** Umstände **dire la propria:** die eigene Meinung vertreten (sich äußern) **irritare:** reizen **il punto di vista:** Aussichtspunkt **l'affare:** Geschäft **procedere:** verlaufen **la modifica:** Änderung **il destino:** Schicksal **favorire:** begünstigen **riguardare:** betreffen **assumere:** beziehen **valutare:** messen **confidare:** anvertrauen **la sfortuna:** Unglück **rilassarsi:** sich entspannen

Ma era uno scherzo!

Carnevale.
Bisogna stare molto attenti anche agli amici nei giorni del Carnevale, perché in questo periodo è attuale il detto: «Carnevale ogni scherzo vale!»
Naturalmente molti degli scherzi che vi vengono fatti, possono anche essere molto divertenti per coloro che li fanno, ma purtroppo non per chi li riceve. La vittima degli scherzi non ha neanche il diritto di reagire, se reagisce si sente dire: «Ma tu sei una persona che non sa stare allo scherzo!»
Naturalmente se lo scherzo è molto pesante o addirittura un po' brutale che fa male anche fisicamente, si può rispondere: «Scherzi di mano, scherzi da villano.»
«Pesce d'aprile!»
Anche per il primo di aprile c'è l'usanza di fare molti scherzi. In questo giorno è meglio essere molto scettici e non credere a nessuna novità; anche se questa vi viene detta o portata da un amico o da un parente molto amato. In questo giorno, per esempio, può succedervi di ricevere una lettera che vi annuncia che siete diventati molto ricchi, o che improvvisamente la persona, che corteggiate da molto tempo senza successo, vi proponga un appuntamento galante, e voi pieni di speranze, andate al luogo dell'appuntamento, aspettate ore e ore senza che lei si faccia vedere. Questo era un «pesce d'aprile».
Ma non sono solo le singole persone le vittime di questi scherzi, possono esserlo anche interi quartieri o città.
Allora: attenti a non cascarci... perché: «Ma era solo uno scherzo!»

---

lo scherzo: Scherz **coloro:** derjenige **la vittima:** Opfer **l'usanza:** Brauch **il villano:** Bauer, Grobian **il pesce d'aprile:** Aprilscherz **il parente:** Verwandter **corteggiare:** verführen **cascarci:** reinfallen

NE SEI CONVINTO?

Mi fa piacere!

Non mi piace proprio!

Non mi va giù!

Io odio di…

È pazzesco!

È divertente!

È scafato!

È uno che sa il fatto suo!

(!) È proprio un figo!

(!) È un coglione!

A chi la racconti?

Io mi domando se…

Mi meraviglierebbe se…

Ne sei proprio convinto?

C'è da fidarsi?

Ci devo credere?

Non riesco a crederci!

Non è vero!

Questo è falso!

È una menzogna!

Non è così!

Ma fammi il piacere!

Lei si sbaglia!

(!) Tu racconti palle!

Ma nemmeno per sogno!

Cosa succede?

Prima delle elezioni arrivano i politici a chiedere voti, promettono soldi, lavoro e benessere poi il giorno dopo hanno dimenticato tutto. Mi meraviglierebbe se così non fosse! I politici parlano molto ma fanno poco: Tutto fumo e niente arrosto!

Giudicare per associazioni; prendiamo per esempio il seguente titolo di giornale: «Craxi in politica è un tiranno!»
Craxi in politica è un tiranno!
Il tiranno non mi piace perché vuole sempre comandare su tutti!
Il tiranno si crede un Dio!
Dio ha creato gli alberi, le foglie e il vento!
Il vento muove le foglie: non muove foglia che Dio-Craxi non voglia!

Che fine ha fatto Enrico?
L'ho incontrato l'altro giorno sull'autobus.
Che racconta?
Sta insieme ad una ragazza che studia archeologia ed ora anche lui non fa altro che parlare di Etruschi ed Egiziani, è pazzesco!
Eh, caro mio chi va con lo zoppo impara a zoppicare!

Chi è quel tipo che è arrivato insieme ad Alberto?
Non l'ho mai visto ma è una persona divertente comunque per andare d'accordo con un elemento come Alberto deve avere le stesse idee: Dimmi con chi vai e ti dirò chi sei!

I tuoi scherzi sono proprio divertenti, mi fanno morire dal ridere!
Eh si, me lo dicono tutti che avrei dovuto fare l'attore comico!

---

le elezioni: Wahlen **tutto fumo e niente arrosto:** viel Lärm um nichts (wörtlich: viel Rauch und kein Braten) **non muove foglia:** es bewegt sich nichts (wörtlich: kein Blatt) **chi va con lo zoppo impara a zoppicare:** böse Beispiele verderben gute Sitten (wörtlich: wer mit dem Hinkebein geht, lernt selbst hinken) **il elemento:** hier: wunderlicher Kauz **dimmi con chi vai e ti dirò chi sei:** sag mir, mit wem du gehst, und ich sag dir, wer du bist

Giudizi pubblici

Mafia e Camorra sono le due organizzazioni criminali più potenti d'Italia. Il loro legame con alcuni esponenti politici ormai non è più un segreto per nessuno. Ogni tanto, grazie soprattutto alla protesta esasperata dei cittadini e in seguito alle indagini di qualche magistrato coraggioso si riesce a portare davanti al giudice perfino esponenti del governo. Però, nella maggior parte dei casi tutto resta come prima.

«Il ministro degli interni Gava, interrogato sul ruolo della Camorra nella liberazione del democristiano Cirillo, rapito dalle Brigate rosse, si contraddice davanti ai giudici di Napoli: Dalle dichiarazioni del ministro non è facile distinguere il vero dal falso.»

«La signora Gorbaciov, che accompagna il marito in visita ufficiale in Italia, si è recata in mattinata da Armani e ha comprato un vestito molto elegante.»

Brigitte Nielsen ha lasciato Silvester Stallone: «È l'opposto dell'uomo-eroe dei suoi film, è un indeciso, inizia mille cose e poi le dimentica e si lascia influenzare troppo dalla sua famiglia, insomma è un uomo senza carattere.»

---

potente: mächtig **il legame:** Bindung **l' esponente:** Vertreter **esasperata:** erbittert **il giudice:** Richter **perfino:** sogar **interrogato:** verhört **rapito:** entführt **contraddirsi:** sich widersprechen **la dichiarazione:** Erklärung **distinguere:** unterscheiden **recarsi:** sich begeben **indeciso:** unentschlossen **influenzare:** beeinflussen

L'apparenza inganna

Coma fai a mantenerti così giovane?
Gli anni passano per tutti sono invecchiato anch'io.
Ma nemmeno per sogno!
Non dimostri gli anni che hai! Hai l'aspetto di uno che ha trent'anni e invece ne hai quasi quaranta.

Sciopero:
Sono sicuro che neanche domani usciranno i giornali.
Ne sei proprio convinto?
Sì, l'hanno detto in televisione.

Per Firenze non parte più nessun treno oggi, c'è sciopero.
Fino a quando?
Lo sciopero termina domani mattina alle otto, Lei può prendere il treno delle nove.
Ma è sicuro che il treno parte domani mattina? Ci devo credere?
Non glielo garantisco ma credo di sì.

In officina:
Avete riparato i freni?
Sì, adesso è tutto a posto.
La prossima settimana con questa macchina devo andare a Bologna, c'è da fidarsi?
Stia tranquillo i freni sono nuovi.

Al mare:
Si può fare il bagno in questo punto della costa?
Certo qui l'acqua è abbastanza pulita.
Ci devo credere?
Conosco bene la zona, se glielo dico io ci può credere.

---

ingannare: täuschen **dimostrare:** aussehen **l'aspetto:** das Aussehen **sciopero:** Streik **il freno:** Bremse **tutto a posto:** alles in Ordnung **la costa:** Küste

Vale tanto...

La mattina dopo:
Anche se stanotte ho bevuto molto vino, oggi non ho il mal di testa.
A chi la racconti! Forse ne hai bevuto di meno!
No, no, la solita bottiglia... penso che dipenda dalla qualità: Questo vino è migliore di quello dell'altra volta.

Partecipare ad un compleanno:
Domani sera voglio mettermi questo vestito, è da molto tempo che non lo porto.
Non vorrai scherzare, questo vestito è passato di moda da dieci anni: È antiquato!

Battibecco tra padre e figlia:
Mi raccomando alle undici devi rientrare!
Papà ritorno a mezzanotte così mi accompagna Sabrina in macchina.
Non mi piace molto quella ragazza, da quando i genitori hanno divorziató la madre le fa fare quello che vuole: In quella casa si sente che manca il padre!

Due giovani mamme:
Adesso che mio figlio frequenta questo asilo sono più tranquilla, prima giocava sempre in mezzo alla strada piena di macchine.
Qui i bambini possono giocare, non ci sono pericoli.

Bella vita:
Ha ereditato un mucchio di soldi e da allora fa una vita da principe, questo non mi va giù!
Beato lui, è stato baciato dalla fortuna!
Quando eravamo sposati non aveva mai una lira adesso invece...
Eh, cara mia, adesso ha una macchina sportiva, si veste alla moda e cambia spesso donna, in altre parole è proprio un figo!

---

solito: üblich **scherzare:** scherzen **passato di moda:** aus der Mode **raccomandarsi:** anflehen **rientrare:** heimkommen **divorziato:** geschieden **ereditare:** erben **il mucchio:** Haufen

Scarpe sbagliate:
Ho comprato queste scarpe ed ora mi accorgo che sono troppo piccole.
Ma fammi il piacere! Si vede subito che sono piccole, basta uno sguardo per capirlo: si vede a colpo d'occhio!

Giudizio di una madre:
Mio figlio Lorenzo ha due figli maschi, il primo è convinto delle proprie idee, prende le decisioni giuste e sa curare i propri interessi, in poco tempo ha fatto un sacco di soldi. È uno che sa il fatto suo! Il secondo invece è molto diverso, è un ragazzo tranquillo, buono e se hai bisogno di qualcosa basta chiamarlo e viene subito: Vale tanto oro quanto pesa!

Indifferenza:
Ti ha telefonato Franco?
No, ma ormai ho deciso di lasciarlo e questa volta lo faccio.
Ne sei proprio convinta? Aspetta a dirlo, quando sentirai la sua voce, le sue parole...
No, non cambio idea, le sue parole adesso mi lasciano indifferente: non mi fanno né caldo e né freddo!

Sete:
Quando ho sete io bevo Champagne!
Tu racconti palle!
Neanche per sogno! Perché?
Perché in questo caso hai anche una gran sete di denaro.
Beh, qualche volta ripiego sull'acqua minerale.

Figli:
Mio figlio è un coglione, fa tutto senza riflettere, vive sempre con la testa fra le nuvole: È un ragazzo senza cervello!
Non è vero, tuo figlio è una persona che conosce bene la vita, secondo me è uno che sa il fatto suo!

---

accorgersi: wahrnehmen, bemerken **bastare:** genügen **si vede a colpo d'occhio:** man bemerkt es auf den ersten Blick **valere:** wert sein **pesare:** wiegen **indifferente:** gleichgültig **non mi fa nè caldo e nè freddo:** es läßt mich gleichgültig **avere sete di denaro:** geldgierig sein (wörtlich: dürsten) **ripiegare:** zurückgreifen **la nuvola:** Wolke **il cervello:** hier: Vernunft

Sono scettico

Incendi:
Per questa estate sono previsti meno incendi, hanno rafforzato il servizio vigilanza della Guardia Forestale.
C'è da fidarsi? Su queste cose sono molto scettico: non ci metterei la mano sul fuoco!

Rivalità tra Roma e Milano:
«A Roma bastano dieci centimetri di neve per bloccare la città. Le autorità non sanno come affrontare il problema: le autorità non sanno che pesci prendere!»
Qualche giorno dopo nevica anche a Milano:
Milano paralizzata da qualche centimetro di neve, fermi i mezzi pubblici, la città precipita nel caos: le autorità non sanno che pesci prendere!

Unione Europea:
Nel 1992 in Europa non avremo più frontiere, giornali e tv non parlano d'altro. Questa notizia è sulla bocca di tutti. Secondo me questa è una menzogna.

Firmare un contratto:
Metta una firma qui per favore!
Nemmeno per sogno! Prima vorrei leggermi attentamente il contratto: non compro niente a scatola chiusa!

Prendere una nuova strada:
Perché questa volta non prendiamo la Statale 17?
Ma nemmeno per sogno, è una strada che non conosco: chi lascia la via vecchia per la via nuova sa quel che perde ma non sa quel che trova!

Persone difficili:
Stai attento a misurare bene le parole, bisogna usare tatto e prudenza è una persona molto sensibile: Bisogna andarci con i piedi di piombo.
Non ha senso nascondere le cose tanto prima o poi si scopre tutto: ogni nodo viene al pettine!

Diffidenza:
Hai letto il giornale oggi?
No, perché è successo qualcosa di nuovo?
L'amministrazione ha deciso di chiudere il centro storico al traffico automobilistico, finalmente si potrà andare tranquillamente a passeggiare a piedi o in bicicletta senza il terrore delle macchine!
Sono anni che lo sento dire ma finora non è mai successo niente: mi meraviglierebbe: se non vedo non credo!

Ora sparisci papà! Non ho più bisogno di te.
Non sai come sono contento di sentirtelo dire. È tutto così improvviso che non riesco a crederci.

---

rafforzare: verstärken **scettico:** skeptisch **bastare:** genügen **mettere la mano sul fuoco:** die Hand ins Feuer legen **bastare:** genügen **la neve:** Schnee **l'autorità:** die Behörden **non so che pesci prendere:** ich weiß nicht, was ich tun soll (wörtlich: welche Fische fangen) **paralizzato:** lahmgelegt **precipitare:** stürzen **la notizia:** Nachricht **firmare:** unterschreiben **a scatola chiusa:** blind (wörtlich: bei geschlossener Kiste) **la Statale:** Nationalstraße **il tatto:** Takt **con i piedi di piombió** behutsam, vorsichtig (wörtlich: mit Bleifüßen) **prima o poi:** früher oder später **ogni nodo viene al pettine:** nichts ist so fein gesponnen (wörtlich: jeder Knoten kommt in den Kamm) **finora:** bisher

Se Dio vuole!

Alla stazione di Orvieto un uomo anziano sale sul treno per Roma. Per essere sicuro di non aver sbagliato convoglio domanda a quattro persone diverse se quel treno va veramente a Roma.
«Così sembra.» Gli risponde il primo intento a leggere il Corriere dello Sport.
«Almeno . . .» Si sente dire da un operaio che assomiglia moltissimo al Gary Cooper degli anni cinquanta.
«Se Dio vuole!» Sussurra piano una distinta signora dai capelli bianchi.
Finalmente arriva il controllore che sicuramente potrà rispondere con precisione alla sua domanda, pensa.
«Salvo imprevisti, signore.» È la risposta pronunciata con tono sicuro e distaccato.

Tu parli bene l'inglese vero?
Sì!
Ne sei proprio convinto?
Ma certo, perché?
Ho difficoltà a tradurre un testo, mi aiuti?
Sì ma dammi un po'di tempo e poi non hai studiato l'inglese anche tu?
Sì ma per me le lingue sono state sempre un grosso problema, in modo particolare l'inglese: L'inglese non è pane per i miei denti!

Tutta la verità?
Ti assicuro che questa è l'unica cosa vera!
Non è successo altro?
No.
Ci devo credere?
Sì, finiscila con questa gelosia stupida!

---

il convoglio: Zug, Fahrzeug **intento:** beschäftigt **assomigliare:** aussehen **sussurrare:** flüstern **salvo imprevisti:** falls nichts dazwischenkommt **distaccato:** distanziert **non è pane per i miei denti:** ein zu harter Brocken für mich (wörtlich: kein Brot für meine Zähne) **la gelosia:** Eifersucht

Non può essere!

Sai dove posso trovare Massimo a quest'ora?
No non so proprio cosa dirti: non ne ho la minima idea!
Non ti si può chiedere mai nulla, tu non sai mai niente, io mi domando se ti comporti così anche con gli altri!

Mentre tu eri in vacanza qui sono successe molte cose, ne sei già al corrente?
No, non so niente: nono all'oscuro di tutto.

È stato lui a licenziarsi!
Mi sembra strano, non può essere!
Ha trovato un posto di lavoro migliore di questo, gli danno mezzo milione in più al mese, quello lì è uno che sa il fatto suo.

Perché sei così contrario a questo progetto?
Non mi piace di lavorare dodici ore al giorno.
Ma se fino a ieri eri d'accordo!
Io odio di stare tutto il giorno in un ufficio.

Ti ricordi quando è arrivato il treno da Milano ieri?
Verso le quattro.
Con quanti minuti di ritardo?
Questo non so dirtelo: adesso mi chiedi troppo!

Avanti basta con le polemiche, facciamo un compromesso.
Nemmeno per sogno: non mi passa neanche per l'anticamera del cervello.

La vuoi smettere di gridare?
Qui se c'è qualcuno che grida sei tu: semmai sei tu che gridi!
Ma fammi il piacere!

---

essere al corrente: auf dem laufenden sein **essere all'oscuro:** im dunkeln tappen **licenziarsi:** kündigen **ricordarsi:** sich erinnern **passare per l'anticamera del cervello:** nicht im geringsten daran denken (wörtlich: nicht durch das Vorzimmer des Gehirns gehen) **gridare:** schreien **semmai:** wenn überhaupt

Non è così

Quando ci siamo conosciuti parlava sempre di grandi progetti, poi conoscendolo mi sono accorto che non è così: erano tutte balle! Le bugie si scoprono sempre dopo un po': le bugie hanno le gambe corte.

Come vanno gli affari?
In estate vendiamo qualcosa ai turisti.
Ho sentito dire che durante l'inverno guadagnate di più, è vero?
È una menzogna! Si lavora ma non si guadagna una lira: si lavora per la gloria! E chi dice queste cose è un coglione!

Guarda questo titolo di giornale: «L'Aga Khan ha fregato il fisco di molti miliardi.»
Leggiamo a pagina tre l'intervista su di lui. Aga Khan: «Questo è falso! Come tutti sanno non ho mai nascosto niente, sulle mie entrate non ci sono segreti preferisco lavorare in modo chiaro, corretto e legale: ho sempre fatto tutto alla luce del sole.»
Questo racconta palle!

Ti svelo un segreto: due giorni fa ho visto Gabriella con un tipo mentre si palpavano e si abbracciavano in ascensore.
Ma fammi il piacere! E tu questo lo chiami segreto? Noi lo sappiamo da tempo, gli unici a non saperlo siete tu e suo marito: è un segreto di Pulcinella!

Giovanni ha detto che in vacanza ha fatto la scalata di una montagna molto alta, ci credi?
A chi la racconta?
Così dice lui.
Quello lì racconta un monte di bugie!

---

la bugia: Lüge **corto:** kurz **l'affare:** Geschäft **lavorare per la gloria:** für nichts arbeiten **nascondere:** verstecken **le entrate:** Einkommen **svelare:** enthüllen **il segreto di Pulcinella:** ein offenes Geheimnis (Pulcinella: Figur der Commedia dell'arte) **palparsi:** betasten **la scalata:** Aufstieg

Non ne so niente!

I nostri vicini di ombrellone mi piacciono molto.
Come? Ho capito bene? Ne sei proprio convinto?
Perché non la pensi anche tu così?
Secondo me tu non hai tutte le rotelle a posto!

Hai visto le mie chiavi?
No, non ne so assolutamente niente.
Ma se le avevi in mano cinque minuti fa!
Non è vero, tu racconti palle! (!)

Non ho le prove ma ho l'impressione che tu mi tradisci.
Tu lavori molto di fantasia.
Vuoi dire che non è vero?
Ma fammi il piacere!

Dì la verità, è stata tua l'idea di regalarmi questi fiori?
Naturalmente!
Io odio di sentire bugie, è la prima volta che succede e ci conosciamo gia da tre anni: non è farina dee tuo sacco!

Signora Lei è passata col rosso devo farle la multa.
Lei si sbaglia io sono passata con il verde!
Le ripeto che era rosso.
Ma nemmeno per sogno, io non pago!

---

il vicino di ombrellone: Strandschirmnachbar **non avere tutte le rotelle a posto:** eine Schraube locker haben **la prova:** Beweis **tradire:** betrügen **non è farina del tuo sacco:** das ist nicht auf deinem Mist gewachsen (wörtlich: kein Mehl aus deinem Sack) **passare:** durchfahren **la multa:** Strafzettel

Giudicare

Positivo	o negativo?
bello	brutto
più / meno bello di / che	più / meno brutto di / che
bellissimo / molto bello	bruttissimo / molto brutto
buono	cattivo
più / meno buono di / che	più / meno cattivo di / che
buonissimo / ottimo / molto buono	pessimo / molto cattivo
grande	piccolo
più / meno grande di / che	più / meno piccolo di / che
grandissimo / massimo / molto grande	piccolissimo / minimo / molto piccolo
alto	basso
più / meno alto di / che	più / meno basso di / che
altissimo / molto alto	bassissimo / molto basso
veloce	lento
più / meno veloce di / che	più / meno lento di / che
velocissimo / molto veloce	lentissimo / molto lento
largo	stretto
più / meno largo di / che	più / meno stretto di / che
larghissimo / molto largo	strettissimo / molto stretto
giovane	vecchio
più / meno giovane di / che	più / meno vecchio di / che
giovanissimo / molto giovane	vecchissimo / molto vecchio
interessante	noioso
più / meno interessante di / che	più / meno noioso di / che
interessantissimo / molto interessante	noiosissimo / molto noioso
leggero	pesante
più / meno leggero di / che	più / meno pesante di / che
leggerissimo / molto leggero	pesantissimo / molto pesante

brutto: häßlich, schlecht **cattivo:** schlecht, unnütz, faul **stretto:** eng, schmal, knapp, streng

MI PUOI CREDERE!

Mi puoi credere!

Ti assicuro che…

Senza ombra di dubbio!

Ne sono proprio convinto!

Ne sono proprio sicuro!

Ci puoi scommettere che…

Mettiti l'animo in pace!

Non te la prendere!

Se fossi al posto tuo…

Sarebbe meglio!

Saresti uno stupido se…

Tieni duro!

Non darti per vinto!

Non ti scoraggiare!

Sicuramente!

Signora questa giarrettiera è veramente eccitante.
Sì, però costa un po' troppo, è sicura di non aver scambiato il prezzo con quella che mi ha fatto vedere prima?
No, Le assicuro che Le ho chiesto il prezzo giusto.

Sei sicuro che i traghetti per la Sardegna hanno terminato lo sciopero?
Questo è quello che hanno detto alla radio, ma non ti garantisco nulla, tutto è possibile in questo mondo.

Che impressione ti ha fatto l'amico di Giovanna?
Mi è sembrato un po' provinciale forse perché si è parlato inglese per tutto il tempo.
Provinciale quello? No, ti sbagli, ha viaggiato molto, ha girato mezzo mondo, e poi l'inglese lo parla perfettamente ha studiato informatica in America, mi puoi credere!

Sono arrabbiata perché Marco non mi ha informata del suo incidente sull'autostrada, pensa è stato dieci giorni in ospedale e io non ne sapevo niente.
Devi capirlo, dopo che vi siete detti addio lui ha qualche rimorso nei tuoi riguardi e sono convinto che così gli è mancato il coraggio di scriverti quella brutta notizia.

Che cosa ha deciso Massimo per il Week-end, ci viene con noi al mare?
No, sicuramente non viene, è molto depresso e non vuole vedere nessuno, ho parlato con lui più di due ore ma non sono riuscito a fargli cambiare idea, non intende ragioni.

---

la giarrettiera: Straps **eccitante:** aufregend **scambiare:** verwechseln **il traghetto:** Fähre **nulla:** nichts **l'impressione:** Eindruck **provinciale:** provinziell **sbagliarsi:** sich irren **dirsi addio:** hier: sich trennen **il rimorso:** Gewissensbiß **nei tuoi riguardi:** dir gegenüber **mancare:** fehlen **il coraggio:** Mut **non intendere ragioni:** nichts hören wollen

Sono convinto che...

Dove siete stati ieri sera?
Marco ci ha invitati a cena a casa sua.
Ha cucinato lui?
Sì, siamo stati benissimo, ti assicuro che come cucina lui c'è da leccarsi le dita!

Marcello è indebitato fino al collo.
La colpa è sua, i debiti li ha voluti fare ma ci puoi scommettere che non ha mai mosso un dito per pagarli.

Tuo figlio frequenta delle persone che non mi piacciono!
Mio figlio è anche tuo figlio e poi non fa niente di male.
Adesso lo difendi pure, ma sono convinto che se continua così quello lì fa una brutta fine!

Allora usciamo? Io sono pronta.
Ci puoi scommettere che vestita così morirai dal freddo.
Perché che cos'ha questo vestito?
È molto leggero mettine uno più pesante.

Possibile che debba essere sempre io a fare i lavori più complicati?
Perché senza ombra di dubbio, sei l'unico a conoscere bene questo lavoro: puoi fare questo lavoro ad occhi chiusi.

Trovare casa a Roma è impossibile!
Dove avete cercato finora?
Abbiamo letto gli annunci sui giornali, consultato diverse agenzie immobiliari, dappertutto insomma: cerchiamo per mare e per terra.

Non fumare troppo, non bere, va a letto presto la sera, questo è ciò che mi dici tu ogni giorno, mi sembri mia madre!
Per me fai come ti pare, io sono solo un po' preoccupata per la tua salute perché mi puoi credere: la tua salute mi sta a cuore.

Si può sapere quanto tempo ci vuole in questa baracca per avere un certificato?
Senta io qui sono da solo e il lavoro è troppo. Ho soltanto due mani perciò è meglio che state calmi perché con o senza le vostre proteste non cambia niente lo stesso, credetemi: mettetevi il cuore in pace!

Il mare da qui è molto lontano?
No è vicino, sono due chilometri.
Allora è meglio andare in macchina.
Vi conviene prendere questa stradina sulla sinistra, è una scorciatoia così ci arrivate subito: non ci si mette niente! Ve lo assicuro!

---

leccarsi le dita: sich die Finger ablecken **indebitato:** verschuldet **il collo:** Hals **non muovere un dito:** keinen Finger krumm machen **frequentare:** verkehren **difendere:** verteidigen **fare una brutta fine:** böse enden **morire:** sterben **mettere:** anziehen **intanto:** inzwischen **l'arte:** hier: Beruf **volerci:** brauchen **finora:** bis jetzt **dappertutto:** überall **come ti pare:** mach was du willst **la baracca:** hier: Bude **il certificato:** Bescheinigung **lo stesso:** genauso **la scorciatoia:** Abkürzung **non metterci niente:** ganz kurze Zeit brauchen

Ti assicuro che...

Il corso di informatica che sto facendo non mi piace più.
Perché continui a farlo allora?
Visto che mi mancano soltanto pochi mesi alla fine, intanto lo porto a termine poi dopo si vedrà: Impara l'arte e mettila da parte.

È sicuro che per formare il governo i socialisti chiedono alla D. C. un'altro ministero, quello delle finanze.
La D. C. è d'accordo ma in cambio chiede il Comune di Palermo. Dopo alcuni giorni di trattative i due partiti arrivano a stipulare l'intesa: una mano lava l'altra e tutte e due lavano il viso.

Un medico di Bergamo ha commesso un grave errore in sala operatoria in seguito al quale la paziente, una donna di quarantacinque anni, ha perso la vista all'occhio sinistro:
Questo si merita ‹una bella condanna›!
Ci puoi scommettere che sarà difficile condannarlo. Per arrivare a ciò è necessario che un'altro medico, o addirittura un'intera equipe medica visiti la donna e fornisca le prove necessarie al giudice.
E dov'è il problema l'Italia è piena di medici!
Sì, ma nessuno o quasi è disposto a mettersi contro un proprio collega: Cane non mangia cane!

---

l'arte: hier: Beruf **mettere da parte:** aufbewahren **il comune:** Gemeinde **la trattativa:** Verhandlung **stipulare l'intesa:** ein Abkommen unterzeichnen **grave:** schwer **la vista:** Sehvermögen **meritarsi:** verdienen **la condanna:** Urteil **la equipe medica:** Ärzteteam **fornire le prove:** Beweismittel liefern **essere disposto:** bereit sein **mettersi contro:** sich dagegen stellen

Ma che cos'hai oggi ti senti male?
No, ti assicuro di no! È che ieri sono stato a cena da amici ed ho bevuto un po' troppo: ho alzato il gomito.

Ho avuto una divergenza di idee con Daniele e mi ha fatto incazzare!
Sono proprio sicuro che con quello non ha senso parlare su certi argomenti perché ha un cervello limitato: non vede più in là del proprio naso!

Con te non è più possibile comunicare mi sembri pazzo!
Adesso non ti ci mettere anche tu! Ti assicuro che so benissimo che da quando sto senza far niente a volte parlo senza sapere quello che dico e mi sembra di essere pazzo: comincio a dare i numeri!

Pensa che troie che sono le donne, lei l'ha mollato senza nemmeno dirglielo, l'ha saputo da una sua amica quando era già scappata insieme all'altro.
Ma piantala imbecille! Lui la tradiva da anni, voleva farsi anche la sua migliore amica quel porco! Senza ombra di dubbio quella povera donna ha fatto bene a lasciarlo: ha fatto bene a fare quel che ha fatto.

---

alzare il gomito: (wörtlich: den Ellbogen erheben) zu tief ins Glas schauen **la divergenza d'idee:** Meinungsverschiedenheit **il cervello:** hier: Intelligenz (wörtlich: Gehirn) **più in là:** über, jenseits **pazzo:** wahnsinnig **non ti ci mettere anche tu!:** fang du nicht auch noch damit an! **stare senza far niente:** ohne Beschäftigung sein **la troia:** Hure (wörtlich: Sau) **mollare:** sitzenlassen **scappare:** abhauen **tradire:** betrügen **farsi:** hier: aufs Kreuz legen, vernaschen

Regali natalizi

In Italia, a Natale, c'è l'abitudine di consumare un cenone, una cena che dura molte ore. A questo proposito alcuni consigli:
Sotto il vestito non portate niente, e: signore, indossate vestiti ampi; signori, mettetevi pantaloni larghi e bretelle.
Buon appetito!

Naturalmente a Natale si fanno anche moltissimi regali. Eccovi alcune proposte interessanti:

Regali inutili:
Un servizio da sei bicchieri, che non permette di bere perché i calici, tutti di diversa forma, sono bloccati alla base. Bello da vedere.
Il coltellino per pulire gli zoccoli del cavallo.
La gomma per cancellare che resta attaccata al foglio.
Il set di sei palline da golf di materiale speciale: cioccolato.
Il taglia-mela che taglia in otto parti uguali e senza torsolo.
Regali carissimi:
Penne in oro massiccio da tre milioni e mezzo.
Bottiglie di vino da collezionista da 800 000 Lire l'una.

il regalo: Geschenk **il Natale:** Weihnachten **ampio:** breit **il calice:** Kelch **le bretelle:** Hosenträger **lo zoccolo:** Huf **la gomma per cancellare:** Radiergummi **attaccato:** geklebt **il torsolo:** Kerngehäuse

Vacanze, sole, mare

Attenti alla tintarella, può essere molto pericolosa:
Legame tra i tumori della pelle e esposizione al sole! Stare sdraiati sotto il sole, sulla spiaggia, attività sognata da tutti, è un vero pericolo per il nostro corpo.
Sdraiarsi sulla spiaggia è pura follia!

Eccovi il sole nel male e nel bene:

Nel male:	**Nel bene:**
eritemi	fotosintesi
lesioni cutanee	visione
fotoallergie	sintesi vitamine
invecchiamento cutaneo	calore
lesioni DNA	azioni terapeutiche
cancirogenesi	pigmentazione mutazione

Di tintarella si può morire!
Una bella signora con la pelle color del latte è quasi morta per aver voluto una pelle come la cioccolata. Ogni giorno molte vitamine A e litri di spremute di carote; risultato: cirrosi epatica! Le erano caduti i capelli, aveva la pelle nera e grinzosa, l'addome gonfio. Adesso è guarita e si tiene la sua pelle color latte!

---

la tintarella: Bräunung **il legame:** Bindung, Zusammenhang **l'esposizione:** Belichtung **sdraiato:** hingelegt **la follia:** Verrücktheit **l'eritema:** Hautrötung **la lesione cutanea:** Hautbeschädigung **l'invecchiamento cutaneo:** Hautalterung **la cancirogenesi:** Krebsbildung **la spremuta:** frischer ausgepreßter Saft **la cirrosi epatica:** Leberzirrhose **grinzosa:** runzelig, faltig **l'addome:** Unterleib **guarire:** heilen

Consigli

Mazzi di fiori:
Se fossi al posto tuo sarei più gentile con lei!
Ah sì, e che faresti?
Mah... le aprirei la porta del ristorante e quella della macchina, non dimenticherei il suo compleanno, le regalerei mazzi di fiori, andrei a vedere il tramonto con lei...
Ma sono cose che faccio da parecchio tempo... senza successo!

Sono in gamba:
Ragazzi, non perdetevi quel concerto, perché sono dei musicisti in gamba!

Le ore del mattino:
Sarebbe meglio che tu la mattina ti alzassi prima.
Ma è così bello dormire, e poi comunque studio molto di sera.
Non dimenticarti che sono le ore del mattino quelle che hanno l'oro in bocca!

Chi cerca trova:
Hai iniziato a fare sport?
Lascia perdere, sono due mesi che giro da una parte all'altra senza riuscire a trovare una palestra che mi va bene.
Non ti scoraggiare: chi cerca trova!

Pezzi grossi:
Mi piacerebbe poter lavorare in quella ditta, ma sembra che non ci siano posti liberi.
Se vuoi ti presento un pezzo grosso della direzione, ti consiglio di parlarci... sicuramente ti trova qualcosa!

Lingua lunga:
Giovanni, sta attento quando racconti fatti simili!
E perché?
Perché?! Perché ci sono moltissime persone che hanno la lingua lunga e in poche ore tutto il paese sa i fatti tuoi!

Giulio è uno stronzo!
E perché?
Perché mi offende spesso. Se continua così... va a finire che litighiamo!
Ma non te la prendere. Si sa che è uno stronzo!

La notte:
È tutto il giorno che cerco una soluzione al problema: niente!
Tieni duro, va a dormire e vedrai che la notte porta consiglio!

Il tempo è denaro:
Se fossi al posto tuo mi fermerei un attimo! Fa' una pausa e vieni a giocare con noi.
Non posso: devo lavorare.
Mamma mia! Vivi proprio come Paperon de Paperoni, secondo il motto: il tempo è denaro.

Chi comincia bene è a metà dell'opera:
Hai visto con quale velocità hanno cominciato a costruire il depuratore?
Sì hanno cominciato proprio bene! E chi comincia bene è a metà della opera.
Sarà... ma io consiglierei alla gente di non avere troppa fiducia in quella ditta: ti ricordi di quello che hanno fatto con l'altro depuratore?

Il silenzio è d'oro:
Non ce la faccio più: da quando abito vicino alla ferrovia non riesco più a rilassarmi; ogni volta che passa un treno sbatterei la testa contro la parete!
Sarebbe meglio che tu andassi a trascorrere un periodo in campagna. Il silenzio è d'oro! Lì potrai riprenderti e dopo un breve periodo ti sentirai sicuramente meglio.

---

il mazzo di fiori: Blumenstrauß **il tramonto:** Sonnenuntergang **essere in gamba:** Spitze, gut sein **comunque:** auf jeden Fall **la palestra:** Sporthalle **scoraggiarsi:** sich entmutigen **il pezzo grosso:** wichtige Persönlichkeit (wörtlich: großes Stück) **lo stronzo** (!): Arschloch **tenere duro:** durchhalten **Paperon de Paperoni:** Dagobert Duck **riprendersi:** sich erholen **l'opera:** Werk **il depuratore:** Kläranlage **la ferrovia:** Eisenbahn **sbattere:** stoßen

Consigli dalla pubblicità

Succo di frutta
Impara a bere più frutta. Comincia la tua giornata con un succo di frutta.
Un succo di frutta è sapore, energia, salute!

Vendita di dischi
Per Lei la voce più bella del mondo! Luciano Pavarotti! Anche in versione compact disc!

Giornale porno
Con «Le Ore» apri la ragazza poster! Tutti i mercoledì in edicola.

Gastronomia
In Emilia-Romagna si mangia bene. E si beve meglio!

Amaro
Sopra un pranzo impegnativo, sopra un pomeriggio di lavoro, sopra una buona cena: sopra tutto Fernet Branca!

Promozione industriale
Roma: Visitate la 3. città industriale d'Italia.

Vacanze
Quest'anno scegli una vacanza diversa: scegli la Sicilia!

---

il succo di frutta: Fruchtsaft **l'edicola:** Zeitungskiosk **l'amaro:** Magenbitter **impegnativo:** hier: stark beanspruchend **la promozione industriale:** Verkaufsförderung

SAI CHE...?

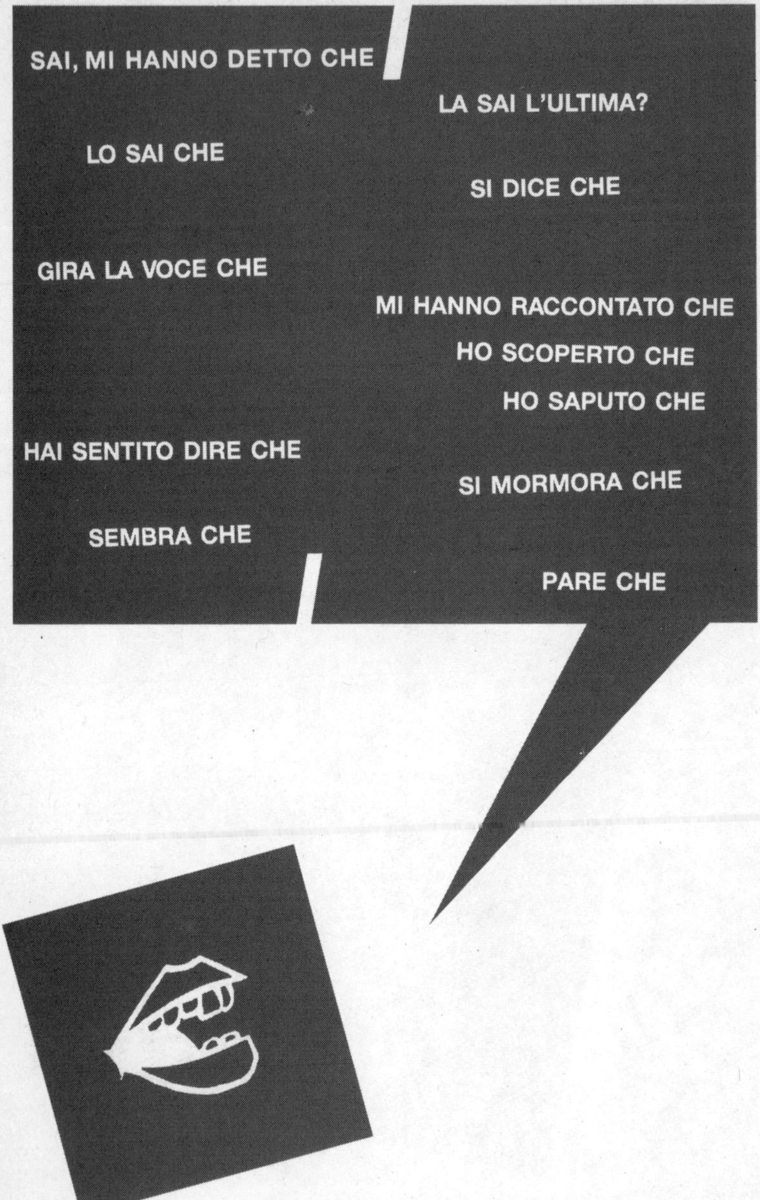
SAI, MI HANNO DETTO CHE
LA SAI L'ULTIMA?
LO SAI CHE
SI DICE CHE
GIRA LA VOCE CHE
MI HANNO RACCONTATO CHE
HO SCOPERTO CHE
HO SAPUTO CHE
HAI SENTITO DIRE CHE
SI MORMORA CHE
SEMBRA CHE
PARE CHE

Moda e sesso

Ho scoperto che la donna sexy e fatale, protagonista della seduzione, detta di nuovo legge, dopo che le sfilate di moda di Milano, Roma, Parigi ne hanno riaffermato l'indiscusso successo.

Mi hanno raccontato che in una sfilata di moda il pubblico gridava in coro alla modella che sfilava indossando uno degli ultimi modelli: «Nuda, spogliati, nuda... nuda...» E sai che l'indossatrice indossava un abito simile ad un saio da monaco? «Abbiamo bisogno di misticismo!» Aveva detto poco prima la creatrice dell'abito.

Ho sentito dire che un uomo ogni cinque minuti faceva una faccia cattiva. Interrogato sul perché, rispondeva:
Per impaurire le donne seducenti.
Le donne? Ma qui non ci sono donne!
Appunto!

Sembra che il sesso è il miglior amico del vestito; l'ultimo rifugio dei vestiti sono gli organi sessuali e non si è nudi dal momento che loro sono coperti.

La sai l'ultima? Attenzione attenzione... l'Italia, l'Europa e il mondo intero sono attaccati da un virus che inquina l'uomo, deforma la sua natura e degenera le razze. Non esistono persone immuni da questo virus: la pornografia.

---

sedurre: verführen **la sfilata di moda:** Modenschau **riaffermare:** wieder durchsetzen **gridare:** rufen, schreien **sfilare:** vorbeiziehen **il saio:** Kutte **l'indossatrice:** Mannequin **impaurire:** einschüchtern **appunto:** eben, gerade **il rifugio:** Schutz **attaccare:** angreifen **inquinare:** verschmutzen

Tutte le strade portano a Roma...

Mi hanno detto che ogni giorno le strade italiane sono intasate da 20 milioni di veicoli. Automezzi che trasportano in prevalenza un solo passeggeró. Chi usa la macchina, e percorre trenta chilometri al giorno, spende in sola benzina quasi cinque mila lire contro le 1600 del biglietto tranviario a tariffa piena e 580 a tariffa ridotta per due corse giornaliere. Il tempo impiegato con la macchina è lo stesso di quello in autobus, più di un quarto se riferito alla metropolitana. Il confort dell'a auto è sacrificato alle snervanti attese negli ingorghi e alla ricerca dei parcheggi.

Ho sentito dire che il sessantacinque per cento degli italiani pensa che la macchina oltre ad essere un mezzo di trasporto è anche una ottima alcova! Se percorriamo l'Appia (una strada romana) subito dopo le Mura Aureliane ne troviamo la conferma: tra cipressi e resti marmorei, fazzoletti pietrificati e preservativi ribolliti dal sole.

Gira la voce che le strade ci portano:
in campagna: la campagna è un posto umido dove ci sono animali crudi;
al mare: il mare è una salsa salata senza spaghetti;
in montagna: la montagna è un frigorifero, un forno, un congelatore dove la gente trova animali crudi, salsa e spaghetti e dopo vi lascia immondizie, resti e...

---

intasato: verstopft **in prevalenza:** vor allem **il biglietto tranviario:** Straßenbahnfahrschein **riferito:** in Bezug **sacrificare:** opfern **snervante:** entnervend **l'ingorgo:** Stau **l'alcova:** Alkoven **la conferma:** Bestätigung **il fazzoletto pietrificato:** verkrustetes Taschentuch **ribollito:** aufgekocht **l'immondizia:** Abfall

Aiuto, aiuto

Politica:
Lo sai che l'esistenza e la durata del governo sono legate, paradossalmente, alla non decisione e al non governo?
Pare che solo tre italiani su cento hanno fiducia nei partiti.

Economia:
Aiuto, aiuto arrivano i Lanzicchenecchi!
Ho scoperto che le compagnie svizzere comprano le compagnie di assicurazione italiane perché costano poco!

Aerei:
Sembra che gli italiani vogliano volare a basso prezzo.

Tempo:
Quando finisce il presente? E quando inizia il futuro? Queste sono domande del passato: la «Attualix» propone il futuro oggi!

Arte:
Ha detto: preferisco restare ancora a Firenze piuttosto che andare subito tra gli immortali.

Consumi:
Ci sono persone che vogliono bere tutto il buon vino che esiste e rimanere sobri.

Un litigio:
Due amici litigavano dopo aver assaggiato un vino:
Sa di tappo!
No! Sa di metallo. Andiamo in cantina a provare!
Dopo molti assaggi la botte è vuota e trovano sul fondo una chiave e un pezzo di sughero. E cadono per terra ubriachi e contenti di avere scoperto che tutti e due hanno ragione.

---

legato: verbunden **i Lanzicchenecchi:** Landsknechte **l'assicurazione:** Versicherung **piuttosto:** anstatt **sobrio:** mäßig, nüchtern **il litigio:** Streit **il tappo:** Korken **sul fondo:** am Boden **il sughero:** Kork **ubriaco:** betrunken

Luoghi comuni

Lo sai che gli italiani del Nord sono molto differenti dagli altri: vivono in case di tipo alpino invece che mediterranee, consumano prodotti bovini anziché ovini e cuociono al burro anziché all'olio?
E che i loro canti sono polifonici, sillabici e narrativi anziché solistici e lirici?

Si dice che:
I trentini hanno il cuore gelido come i ghiacciai delle loro montagne.

Veronesi tutti matti, trentini magnagatti, veneziani gran signori, padovani gran dottori.

Con quelli di Rovigo non mi intrigo.

Meglio un morto in casa che un pisano all'uscio.

Genovesi tutti tirchi.
L'erotismo italiano è simboleggiato da un uomo che guarda la donna dal buco della serratura.

---

il luogo comune: Gemeinplatz **bovino:** Rinder- **ovino:** Schaf- **anziché:** anstatt **narrativo:** erzählend **gelido:** kühl **il ghiacciaio:** Gletscher **il magnagatto:** Katzenfresser **intrigarsi:** sich verwickeln **l'uscio:** Eingang **tirchio:** geizig **il buco della serratura:** Schlüsselloch **sprecare:** verschwenden

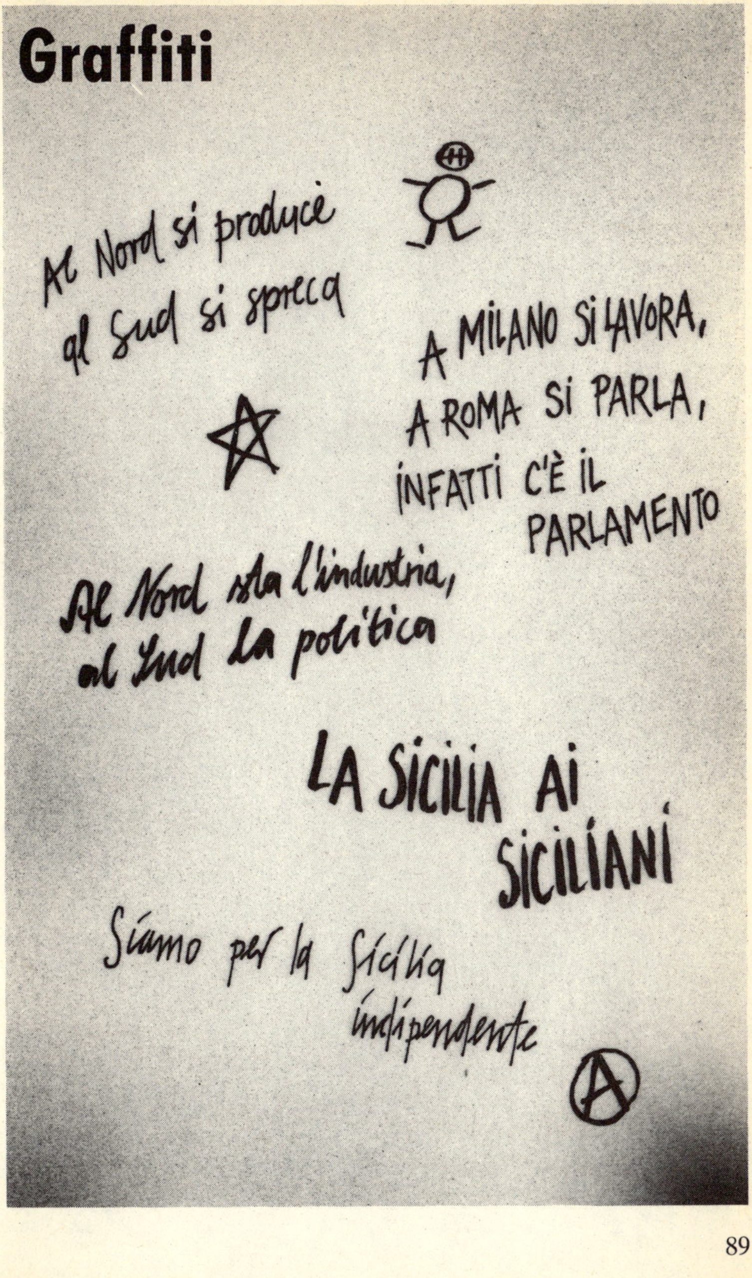
Graffiti
Al Nord si produce
al Sud si spreca
A MILANO SI LAVORA,
A ROMA SI PARLA,
INFATTI C'È IL
PARLAMENTO
Al Nord sta l'industria,
al Sud la politica
LA SICILIA AI
SICILIANI
Siamo per la Sicilia
indipendente

Mi hanno detto che...

Gioco:
Sai che cosa sono venuto a sapere?
No, dimmi.
Mi hanno raccontato che Brenno ha perso al gioco tutti i suoi beni.
Ah, per questo ieri era nero come il carbone!

In fabbrica:
Quei bastardi!
Ma con chi ce l'hai?
Gira la voce che la direzione vuole licenziare, vuole mandarci a casa... in venti!

Lotto:
Hai visto che elegante che è diventato Marco ultimamente?
E chi non se n'è accorto?! Si mormora che ha fatto un terno secco al lotto!

Fuori di testa:
Dai racconta, che avete fatto?
Ma abbiamo ballato tutta la notte e poi Cristina è sparita improvvisamente. Sembra che sia andata fuori di testa dopo che ha rivisto lui.

Febbre da cavallo:
Che sfigato! E pensare che domani voleva partire in vacanza.
Perché che gli è successo?
Ma non hai ancora saputo che è da tre giorni a letto con una febbre da cavallo?!

Il miglior vino:
Sai, ho scoperto che in quella cantina c'è il miglior vino di tutta la zona.
Ah, è per questo cha da un po' di tempo a questa parte non ti si trova più in casa!

Ultime notizie:
La sai l'ultima?
No.
Chiara e Maurizio si sposano.
Allora tra un anno al massimo avremo due divorziati in più.
Io penso di no!

Leggendo il giornale:
Che dice il giornale sul tempo?
Pare che da domani dovrebbe migliorare.

Benzina più cara:
Lo sai che a partire dal mese prossimo aumenteranno di nuovo i prezzi della benzina?
È inutile arrabbiarsi tanto fanno quello che vogliono.
Sì, ma sembra che l'inflazione si sia abbassata.
L'inflazione sarà pure più bassa ora ma per me personalmente non è cambiato proprio niente!

Non è vero:
Ho sentito dire che non esci più la sera e che te ne stai chiuso in casa.
No, non è vero, lo sai che la gente non fa altro che sparlare sugli altri?

In vacanza:
Ma cosa avevi da parlare così a lungo con quei due lì?
Quei due mi hanno raccontato che qui si possono affittare barche a vela.
Ma se non sai neanche nuotare!
E allora? Inoltre ho scoperto che qui in paese c'è un posto dove si può mangiare anche dopo mezzanotte.

---

i beni: Besitz **nero come il carbone:** wütend (schwarz wie die Kohle) **licenziare:** entlassen **accorgersi:** bemerken **fuori di testa:** ausgeflippt **febbre da cavallo:** hohes Fieber (wie ein Pferd) **sfigato** (!): Pech (wörtlich: ohne Möse) **sposarsi:** heiraten **divorziato:** geschieden **aumentare:** steigern, erhöhen **arrabbiarsi:** sich ärgern **sparlare:** schlecht reden über jemanden

Spettacoli tv

Cosa ne pensa dei programmi notturni in TV?
Mi sembra una cosa molto grave. Perché, innanzi tutto perverte i rapporti matrimoniali: lei va a letto, lui sta in piedi davanti al video, e poi beve, fuma come un turco, si intossica sempre di più.

Almanacco: Kalender
Collegamento in diretta: Direktübertragung
Cronache flash: Kurznachrichten
Disegni animati: Zeichentrickfilm
Documentario: Dokumentarfilm
Gioco: Spiel
I fatti del giorno: Tagesmeldungen
Incontri: Begegnungen
Intervallo: Pause
La domenica sportiva: Sportsendung am Sonntag
Notturno con te: Nachtprogramm (mit Dir)
Previsioni del tempo: Wettervorhersage
Prima edizione: erste Ausgabe
Pubblicità: Werbung
Puntata: Teil, Folge
Settimanale di attualità: Aktuelles Wochenmagazin
Settimanale di scienza: Wissenschaftliches Wochenprogramm
Spettacolo musicale: Musiksendung (Veranstaltung)
Telefilm: Fernsehfilm
Telenovela: Fernsehgeschichte (Unterhaltungsserie)
Teleromanzo: Fernsehromanze (Unterhaltungsserie)
TG (telegiornale): Fernsehnachrichten
Trasmissione dal vivo: Life-Sendung
Trasmissione televisiva: Fernsehsendung
Tribuna politica: Politikerpodium
Varietà: Revue

Com'è questo film?

affascinante: faszinierend
avvincente: spannend
brillante: glänzend
capolavoro: Meisterstück
commovente: bewegend
consigliabile: empfehlenswert
da vedere: sehenswert
discreto: ziemlich gut
eccezionale: besonders
ottimo: sehr gut

allegro: lustig
comico: satirisch, witzig
complicato: kompliziert
difficile: schwierig
impegnato: engagiert
malinconico: melancholisch
passionale: leidenschaftlich
pesante: schwer
triste: traurig

brutto:häßlich
insopportabile:unerträglich
mattone: Schinken
mediocre:mittelmäßig
noioso:langweilig
scadente:schlecht

FM Stereo

RAI Radio uno

Ed ecco ora le previsioni del tempo: cielo sereno su quasi tutta la penisola. Dopo il tramonto formazioni di banchi di nebbia al Nord. Temperatura in lieve diminuzione al Nord pressoché stazionaria sulle rimanenti regioni. Venti deboli, i mari generalmente calmi. Questo è tutto per quanto riguarda la prima edizione sul tempo di oggi, il prossimo appuntamento è alle 16.30. Buona giornata a tutti.

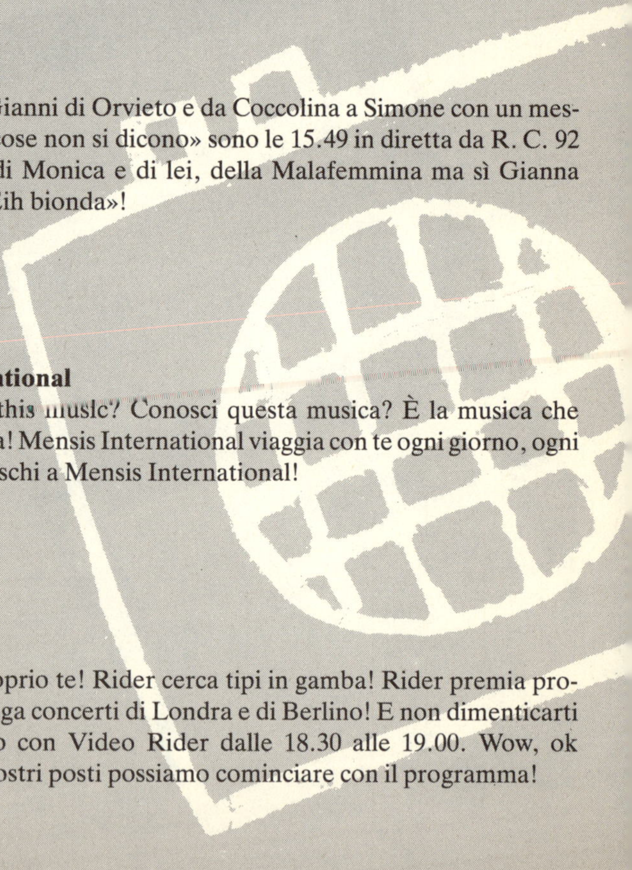

Radio Club 92

Da Isabella a Gianni di Orvieto e da Coccolina a Simone con un messaggio: «certe cose non si dicono» sono le 15.49 in diretta da R. C. 92 in compagnia di Monica e di lei, della Malafemmina ma sì Gianna Nannini con «Eih bionda»!

Mensis International

Do you know this music? Conosci questa musica? È la musica che porta l'America! Mensis International viaggia con te ogni giorno, ogni giorno nuovi dischi a Mensis International!

Odeon Radio

Rider cerca proprio te! Rider cerca tipi in gamba! Rider premia proprio te con i mega concerti di Londra e di Berlino! E non dimenticarti l'appuntamento con Video Rider dalle 18.30 alle 19.00. Wow, ok siamo tutti ai nostri posti possiamo cominciare con il programma!

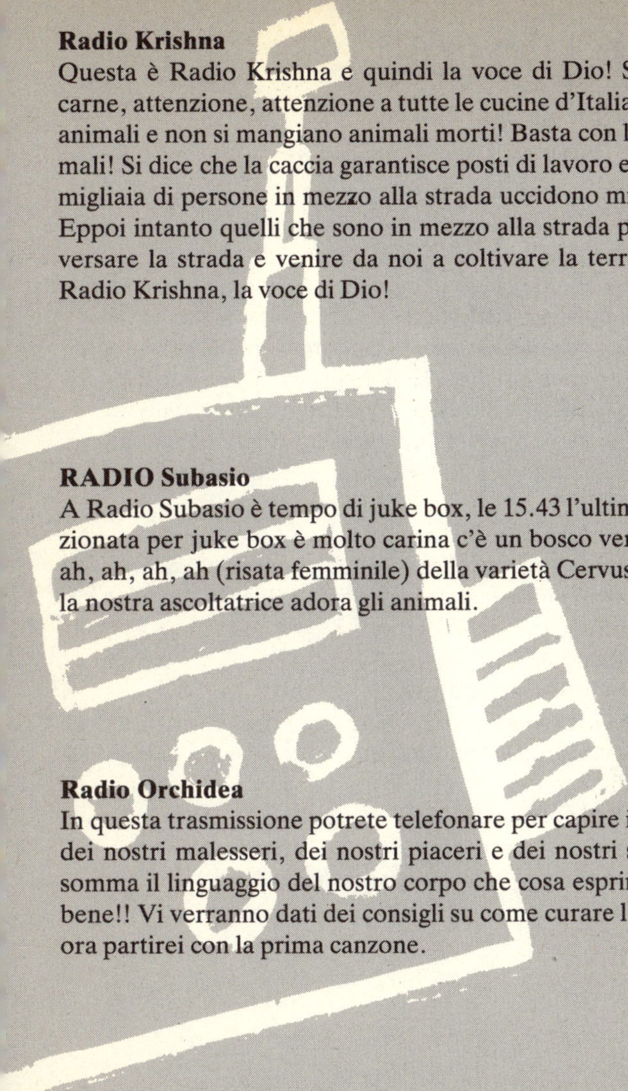

Radio Krishna

Questa è Radio Krishna e quindi la voce di Dio! State attenti alla carne, attenzione, attenzione a tutte le cucine d'Italia non si uccidono animali e non si mangiano animali morti! Basta con la caccia agli animali! Si dice che la caccia garantisce posti di lavoro e per non buttare migliaia di persone in mezzo alla strada uccidono milioni di animali. Eppoi intanto quelli che sono in mezzo alla strada potrebbero attraversare la strada e venire da noi a coltivare la terra insieme a noi. Radio Krishna, la voce di Dio!

RADIO Subasio

A Radio Subasio è tempo di juke box, le 15.43 l'ultima cartolina selezionata per juke box è molto carina c'è un bosco verde con un cervo ah, ah, ah, ah (risata femminile) della varietà Cervus Elephus perché la nostra ascoltatrice adora gli animali.

Radio Orchidea

In questa trasmissione potrete telefonare per capire insieme il perché dei nostri malesseri, dei nostri piaceri e dei nostri stati d'animo insomma il linguaggio del nostro corpo che cosa esprime? Che non sta bene!! Vi verranno dati dei consigli su come curare l'insofferenza, ed ora partirei con la prima canzone.

---

le previsioni del tempo: Wettervorhersage **sereno:** klar, heiter **lieve:** leicht **pressoché:** in etwa **il tipo in gamba:** prima Typ **premiare:** Preis verleihen, belohnen **l'appuntamento:** Verabredung **quindi:** also **uccidere:** töten **la caccia:** Jagd **buttare:** werfen **il bosco:** Wald **la risata:** Gelächter **l' ascoltatrice:** Zuhörerin **il malessere:** Übel **l'insofferenza:** Leiden

Festa in piazza

Un trio musicale «Gli sbronzi di Riace» canta:
Dio è morto, nelle piazze Dio è morto...
Un gruppetto, in un angolo incurante della musica mangia e chiacchiera:
Marco: Anche ieri non ho speso nemmeno un centesimo in contanti, perché di nuovo non sono uscito di casa.
Gino continua: ... anche se due amanti sono molto innamorati e colmi di reciproci desideri, uno dei due è sempre più calmo o meno invasato dell'altro. Quello o quello è il carnefice, l'altro o l'altro la vittima!
Pino cambia argomento: Sai che l'ultima volta che ci siamo dati appuntamento l'ho aspettato per due ore e non si è fatto vedere?!
Sara commenta: Bello stronzo!
Gino: Ha detto, qualche giorno dopo, che si era sentito male!
Luisa litiga: Paolo, non mi rompere i coglioni, perché io ti conosco da quando avevi quattro anni, e qualsiasi cazzata tu dica, io posso documentare il contrario!
Paolo: Tu sputi veleno!
Luisa: Ma sta zitto brutto maschilista!
Interviene Gianfranco cercando di calmare le acque: Potrei offrirvi un gamberetto, una sardina... una sardellina o una seppia... seppiettina, vai, mangia!
Dio buono... è proprio buona!
Il trio musicale continua in coro: Dio è morto, nelle piazze Dio...
Rino commenta: Dio non c'è, ma se c'è non lo perdono!

---

sbronzo: besoffen **incurante:** unbekümmert **invasato:** besessen **il carnefice:** Peiniger **la vittima:** Opfer **lo stronzo:** Miststück **rompere i coglioni** (!): den Nerv töten (wörtlich: den Sack brechen) **la cazzata** (!): Dummheit **sputare veleno:** Gift spucken **sta zitto:** sei still **intervenire:** sich einmischen **calmare le acque:** beruhigen (wörtlich: die Wasser glätten) **perdonare:** verzeihen

TI PIACE?

Smetti di prendermi in giro!
Adesso è troppo!
È una vergogna!
(!) Che vita di merda!
Che vita schifosa!
Ma fammi il piacere, smettila!
(!) Che fai sfotti?
È ora di finirla!
È magnifico!
È meraviglioso!
È cosí bello da non crederci!
È uno schianto!
Mi piace un sacco!
È incredibile!
Roba da matti!
È bestiale!
È pazzesco!
(!) È una figata!
Mi fa impazzire!
Sono cotto di...
Sono pazzo di...
Ha preso una sbandata per...
È l'amore a prima vista!
Sono inamorato di...
(!) Mi ha preso per il culo!
Mi ha messo le corna!
Mi ha piantato!

Adesso basta!

Craxi: Ognuno è libero d'impiccarsi con la corda che vuole!

È una vergogna! Gli studenti di musica a Firenze suonano un requiem per il loro conservatorio: sfrattati!

Tra studenti:
Sono tempi difficili!
Ma che cos'hai?
Dopo tutto il culo che mi sono fatto, non sono stato ammesso agli esami!
Che vita di merda!

In camera:
Ho un gran freddo.
E copriti no? Con tutte le coperte che hai a disposizione!

In spiaggia:
C'è un sole che brucia!
Attento a non prendere un colpo di sole.

Tempi difficili:
Non vedo l'ora di finire questo lavoro!
Perché è troppo faticoso?
Sono anni che vado avanti a lavorare come una bestia ma non ne vedo i frutti!
Coraggio, tieni duro!

Amarezze:
Adesso è veramente troppo! Va e viene come gli piace!
E che c'è di tanto brutto?
È una storia troppo lunga da raccontare.

---

impiccarsi: sich aufhängen **sfrattato:** ausquartiert **farsi il culo** (!): sich den Arsch aufreißen **ammettere agli esami:** zu den Prüfungen zugelassen werden **il colpo di sole:** Sonnenstich **avere a disposizione:** zur Verfügung haben **il frutto:** Ergebnis

Lamentele

Non è mica caro questo vestisto!
Ma fammi il piacere: è un prezzo spaventoso!

E ora che cosa farò? Mi trovo con l'acqua alla gola!
Non esagerare, ti perdi in un bicchiere d'acqua!

Perché cammini su e giù per la stanza?
Perché è una vita schifosa quella che faccio qui.
Parli così perché non conosci la vita di paese, che faccio io!

Giocate seriamente?
No, solo per ammazzare il tempo.
Per favore smetti di prendermi in giro: che fanno allora tutti quei soldi sul tavolo?

Mi mangerei le dita!
Perché?
Ma non sai quali numeri sono usciti al Lotto?!
No, perché?
Sono usciti il 13, 29, 53, e sono proprio i numeri che avevo intenzione di giocare... mannaggia alla...

È proprio una vergogna!
Ma di che stai parlando?
Guarda quest'articolo: ancora uno scandalo nella Democrazia Cristiana.

Eih, che bello che ti sei fatto oggi! Sei proprio affascinante!
Che fai sfotti?
Pubblicità, pubblicità e ancora pubblicità!
È ora di finirla: spegniamo quel cazzo di televisore!

---

la lamentela: Beschwerde **spaventoso:** erschreckend **trovarsi con l'acqua alla gola:** das Wasser bis zum Hals stehen haben **perdersi in un bicchiere d'acqua:** in einem Glas Wasser ertrinken **ammazzare:** töten **prendere in giro:** auf den Arm nehmen **mannaggia:** verdammt noch mal **sfottere:** hänseln **il cazzo:** Beschiß (wörtlich: Schwanz)

Che prezzi!

Negoziante:

È un prezzo basso!
È un prezzo giusto!
È un buon prezzo!
È a buon mercato!
È un prezzo normale!
È un'offerta speciale!
È un prezzo stracciato!
È economico!
È corretto!
È un buon acquisto!
È a portata di tutte le tasche!
Costa due lire!

Cliente:

È un prezzo alto!
È un prezzo spaventoso!
È un prezzo esagerato!
È un prezzo esorbitante!
È impagabile!
È carissimo!
È caro!
Lei pretende troppo!
Non posso permettermelo!
Abbassi il prezzo!
Costa un occhio della testa!
Costa un pacco di soldi!

---

l'offerta speciale: Sonderangebot **il prezzo stracciato:** Spottpreis **l'acquisto:** Einkauf **essere a portata di tutte le tasche:** für jeden erschwinglich (wörtlich: in der Reichweite aller Taschen) **costa due lire:** fast geschenkt **spaventoso:** erschreckend **esorbitante:** übertrieben **pretendere:** verlangen **permetterselo:** sich erlauben **abbassare:** heruntersetzen **costa un occhio della testa:** es ist sehr teuer (wörtlich: kostet ein Auge vom Kopf)

Ottimo!

Tanti auguri a te... tanti auguri a te... E questo «pensierino» è per te!
Che bel regalo... grazie... mi piace proprio un sacco!

Ma che appartamento favoloso!
Quale ditta l'ha rinnovato?
Ditta? No guarda che l'abbiamo rinnovato da soli.
È pazzesco! Chi l'avrebbe mai detto... è un lavoro fatto a regola d'arte!

Quell'uomo mi piace un casino, vale tanto oro quanto pesa!
Chi, Nico?
Sì, non riuscirò mai a dimenticare quello che ha fatto per noi: si è fatto in quattro per aiutarci!

È incredibile!
Che cosa?
Finalmente sono riuscito a risparmiare qualche soldo. Vado subito a depositarli in banca.

Guarda, finalmente ho trovato una gonna come la volevo io.
Ma è proprio una figata! In quale negozio l'hai trovata?

Ti do una bella notizia: viene a trovarci Elisabetta!
Elisabetta? Viene qui... da noi? È così bello da non crederci!

Quell'atleta è proprio uno schianto!
Eh sì! Altrimenti non sarebbe diventato il campione del mondo!

È stata proprio una buona annata: prova questo campione del mio vino...
Mmmm... è ottimo, fammene assaggiare ancora un po'!

Giacomo, corri, vieni, vieni qua, guarda questo maglione... come è bello!
Veramente stupendo, ma costerà un occhio della testa!
No, solo trentamila Lire!
Veramente? Roba da matti!

E chi l'avrebbe mai detto che quel professore è così in gamba!
Sei stato a colloquio da lui?
Sì! In dieci minuti mi ha fatto capire cose che mi stavano facendo diventare scemo!

Mi hanno detto che hai fatto un safari in Africa.
Macché safari! Ho trascorso un mese in Kenia tra foreste, mare, sole e gente del posto, non ho ucciso animali e mi sono divertito moltissimo, è stata una vacanza bestiale!

Stasera non so che fare!
Perché non vai a vederti l'ultimo film di Ettore Scola?
Tu lo hai già visto?
No, ma la storia trattata nel film è interessante, il cast degli attori è eccezionale e le critiche sono più che positive, sono sicuro che è un film magnifico!

Ho comprato questo regalo per Giorgio pensi che gli piacerà?
Perché no, è fatto a mano, tiene caldo ed è alla moda, è un maglione meraviglioso.

---

fare a regola d'arte: etwas profimäßig machen **farsi in quattro:** sich für jemanden halb umbringen **risparmiare:** sparen **la gonna:** Rock **altrimenti:** sonst **il campione del mondo:** Weltmeister **l'annata:** Jahrgang **il campione:** Probe **il maglione:** Strickjacke, Pullover **costa un occhio della testa:** ein Heidengeld kosten (wörtlich: ein Auge vom Kopf) **scemo:** dumm **macché:** ach was! **eccezionale:** außergewöhnlich **magnifico:** großartig **meraviglioso:** wunderbar

Gianna Nannini e il pubblico

La musica non ha più frontiere, ci si può capire in qualsiasi lingua. Bisogna uscire dal proprio guscio nazionale. Le affinità culturali dell'-l'Europa sono troppo antiche e profonde perché le canzoni siano bloccate dalle frontiere dei propri paesi.

Sono una persona dal libero pensiero. Ho la testa nel duemila e il cuore nel Medioevo senese. Ho avuto uomini e donne, ma quando ci si vuole bene non ci sono differenze.

Io vivo in modo rock e lo sport è la preparazione alla musica, per comunicare agli altri forza e senso della libertà.

La libertà è una cosa che si insegna. Io voglio insegnare agli altri la mia voglia di libertà.

Quando sono in concerto, quando sono davanti al pubblico e tremo a contatto fisico con la chitarra, vibro dal bisogno fisico di dare, di esigere e di entrare in simbiosi con il pubblico.

Voglio l'amore.
Fammi tremare...
L'amore è una camera a gas...
Con il tuo profumo...
Malafemmina...

---

la frontiera: Grenze **il guscio:** Schale **l'affinità:** Ähnlichkeit **tremare:** zittern **esigere:** verlangen

Innamorato

Due proverbi di Giuseppe Ungaretti:

Chi è nato per cantare
Anche morendo canta.
Chi nasce per amare
D'amore morirà.
(da «Vita d'un uomo»)

Sono pazza di te, tu mi piaci. Stiamo bene insieme.
Sì, però, dimmi: sei andata a letto con lui?
È un ragazzo molto simpatico…
Ma sei andata a letto con lui o no?!
Oh! Rocco! Non fare lo scemo! Lo sai che lui non significa niente per me. Io e te stiamo bene insieme!
Ma sei andata a letto con lui? Sí o no?!
Sì. Ma non significa niente!

Mi ami o no?
Sì che ti amo!
Baciami, allora, stringimi forte forte.
Sì, lo farò.
No! Voglio un tuo bacio adesso, subito!
No, adesso no!
Allora non mi ami!
Certo che ti amo, sono innamorato pazzamente di te!
E allora perché non vuoi baciarmi?
Mmmm… ho paura dell'influenza…

Ti amo.
Sono senza parole.

Che espressione che hai stamattina.
Sono cotto, cotto di Elvira: lavoro e penso a lei, mangio e penso a lei, cammino e penso a lei…

---

il proverbio: Sprichwort **morire:** sterben **stare bene insieme:** gut zusammenpassen
fare lo scemo: blöd sein **baciare:** küssen **stringere:** drücken

Ascolta il cuore!

È stupenda! Amo la sua sensibilità, la sua versatilità... la sua massima fedeltà.
Questa volta per quale donna hai preso una sbandata!
Ma non sto parlando di una donna, parlo dell'ultimo tipo di cassetta prodotta dalla...

Sandra mi affascina, farei qualsiasi cosa per lei. E poi mi sento così curioso, anche un po' morbosamente, nei suoi riguardi.
Mamma mia! Che cotta che hai preso!

Maria sarebbe la donna giusta per me. La vedo come mia moglie, ...che mi cura, mi fa da mangiare, mi lava i vestiti...
Insomma: hai bisogno di una seconda mamma!

Antonella e Luigi stanno proprio bene insieme, sono veramente una bella coppia, quasi quella ideale.
Sono completamente d'accordo con te. Entrambi amano le cose belle o saporite della vita e sanno gustarle insieme!

Ma come fai ad amare così tante donne contemporaneamente?
Ma vedi... Marisa... per lei è stato l'amore a prima vista, mi ha colpito per la grazia dei suoi gesti, la riservatezza degli atteggiamenti. Luisa perché è romantica, ma capace di sorprendere per la sua dinamicità. Sandra per la sua fantasia e quella civetteria di stile un po' francese e Pina per quel fascino discreto della semplicità e della consapevolezza...
Capisco.

---

la versatilità: Gewandtheit **la fedeltà:** Treue **morbosamente:** krankhaft **nei riguardi di:** gegenüber von **saporito:** geschmackvoll **gustare:** genießen **la riservatezza:** Zurückhaltung **l'atteggiamento:** Haltung **la civetteria:** Koketterie **il fascino:** Charme **la semplicità:** Einfachheit **la consapevolezza:** Bewußtsein

Felicità

La sai l'ultima?
No dimmi.
Sai che Michela ha piantato suo marito?
C'era da aspettarselo: era stato solo un matrimonio d'interesse!

Che tragedia! A momenti l'ammazzava!
Come mai? Era un tipo così tranquillo.
E vacci a capire... si dice che gli abbia messo le corna con il suo miglior amico...

Non mi manca proprio niente!
Sei una persona fortunata.
Sì, ho tutto quello di cui ho bisogno: ho una moglie che amo, figli, videoregistratore... sì e proprio una bella casa.
E fuori casa?
Beh, lì mi manca qualcosa: ho una bella macchina ma non ho un'amante da incontrare di tanto in tanto.

Livio si è sistemato...
Cosa?!
Sì, ha preso una sbandata per una ragazzetta assestata e così si è sposato!

E dov'è Paola?
Non lo so e non lo voglio sapere. Mi ha preso troppo per il culo!
Ma che avete litigato?
Sì, tre giorni fa...
E da allora non l'hai più vista?
No, andasse lontano e lo prendesse nell'ano anzi nel deretano!

---

piantare: sitzenlassen **il matrimonio d'interesse:** Geldheirat **ammazzare:** ermorden **mettere le corna:** Hörner aufsetzen **l'amante:** Liebschaft **di tanto in tanto:** von Zeit zu Zeit **sistemarsi:** in Ordnung kommen **assestato:** geordnet **prendere per il culo** (!): verarschen **l'ano:** After **il deretano:** Gesäß

Amore cattolico

Le donne non hanno più i seni!
Ma che dici: non vedi quanti bei seni sono in vista?!
Appunto, non si possono immaginare, sono lì... si vedono!

Che ne pensi del matrimonio?
Io sono molto legato alla famiglia e per questo ho paura a farmene una. Mi piacerebbe sposarmi sette, otto volte, anche in chiesa, per poter rivivere il piacere della cerimonia.

Il marito tiene in tribolo la moglie per gelosia, per avarizia, per antipatia verso i parenti di lei.

Il padre che giudica e censura la moda di cui le figlie si vestono.

Il figlio che vuole fare qualcosa che i genitori non possono o non vogliono concedere.

I nonni non comprendono perché i loro familiari sprecano soldi e tempo; ripetono continuamente che così si arriva alla rovina.

La famiglia è un gruppo dove l'uno è la vittima dell'altro.
La famiglia è la cellula più piccola dello stato.
La famiglia è l'amore dell'uno verso l'altro.

---

i seni: Brüste **bei:** schöne (von: belli) **appunto:** eben **matrimonio:** Ehe **legato:** gebunden **sposarsi:** heiraten **tenere in tribolo:** quälen **l'avarizia:** Geiz **censurare:** zensieren **sprecare:** verschwenden **la cellula:** Keimzelle

CHE NE PENSI?

Io penso che…

Secondo me…

Per conto mio…

Allora, io credo che…

Ho l'impressione che…

A pensarci bene…

Di primo acchito…

Mi è simpatico!

È una persona stupenda!

È forte!

È *un figo!*

È in gamba!

Mi piace un mondo!

Hai fatto colpo su di me!

Mi è antipatico!

Non lo posso sopportare!

È meglio perderlo che trovarlo!

Mi dà fastidio!

(!) È un coglione!

(!) Mi sta sul cazzo!

(!) È un rompiballe!

Avrei voglia di…

Se potessi…

Speriamo che…

Quanto mi piacerebbe…

Oh come vorrei…

Sì e no

Che dici, piove domani?
Credo di sì, domani e dopodomani; l'ho letto sul giornale.

Allora, ti piace questa macchina?
Sì, mi sembra molto bella, un bel modello, in buono stato, ma il motore?
Beh, il motore è un po' difettoso...

C'è in questo paese la mafia o no?
Non lo so.
Ma non hai mai visto niente?
No!
E neanche sentito?
Secondo me no!
Ma se eri lì quel giorno che...
C'ero ma dormivo...
Ho l'impressione che tu abbia paura!

Che cosa le regaleresti per il suo compleanno?
Allora, io credo che per lei vada bene un manuale delle buone maniere!

Che ne dici di fare una sosta all'autogrill?
Per conto mio, potremmo andare avanti ancora un centinaio di chilometri e fermarci all'altro autogrill.

---

piovere: regnen **la paura:** Angst **il compleanno:** Geburtstag **il manuale:** Handbuch **la sosta:** Rast

Bianco o nero?

Sì penso proprio che mi sposerò, andrò ad abitare insieme a lei, avremo due figli...
Mi sembra che tu stia facendo i conti senza l'oste: chi ti sposa?!

Senti, mi spieghi ancora una volta questo problema?
Penso che tu sia duro di comprendonio! Altrimenti non dovrei spiegarti sempre tutto quaranta volte!

Questo non mi va proprio a genio!
E perché?
Ma perché fai sempre quello che ti fa comodo, senza curarti di me!

Che intelligente che è questo ragazzo!
Di primo acchitto direi che farà molta strada!

Permetti che metta in dubbio questa tua affermazione?
Mmmm... in fondo... se ci rifletto bene... tu hai proprio ragione!

Dai, per favore, una volta tanto dammi una risposta precisa!
Ma buttata così...
No! Non buttata così, per favore: prima rifletti un po' e poi rispondimi!

Allora ammetti di aver sbagliato?
A pensarci bene: mi sono comportato da stupido.

---

sposarsi: heiraten **fare i conti senza l'oste:** die Rechnung ohne den Wirt machen **il comprendonio:** Verstand **non andare a genio:** nicht gefallen **curarsi:** sich kümmern **comportarsi:** sich verhalten

Mi piace un mondo!

Un bigliettino d'amore:
Scusami se ti scrivo questo bigliettino perché non trovo il modo per poterti incontrare, perché hai fatto colpo su di medal primo momento che t'ho vista. Sei come... se tu vorrai, fatti trovare domani sera, verso l'una, vicino al castello...

Ho l'impressione che Maria si sia innamorata di Andrea.
Ma no, è solo simpatia e ammirazione, e posso anche capirla: Andrea è un uomo che ha delle doti eccezionali!

Come trovi Marisa?
Mi piace un mondo... esclusa la pettinatura che porta perché la imbruttisce ed è anche fuori moda.

Hai visto che bel bambino?
Sì è stupendo... è come il padre: lo stesso visino dolce, gli stessi occhi neri come il carbone, lo stesso naso. Anche la bocca è uguale!

Tra un po' arriva anche Giulio.
Veramente?! Bello... Giulio è forte: ha un umorismo che mi fa morire dal ridere, e poi è anche bello avere accanto una persona così sensibile e piena di attenzioni: è proprio un figo!

Sì è vero: Luigi è simpatico... è stupendo... è forte... mi piace un mondo... è in gamba. Ha solo una cosa che non va: è sposato!

---

il bigliettino: kleiner Zettel **fare colpo:** beeindrucken **la dote:** Begabung **la pettinatura:** Frisur **imbruttire:** häßlich machen **sposato:** verheiratet

Gli italiani più simpatici

Gli italiani giudicano i loro concittadini: Tra i cittadini delle varie regioni italiane quali Le sono più simpatici?

Emiliani	16,8
Toscani	16,2
Veneti	13,1
Lombardi	7,6
Campani	5,6
Liguri	5,5
Piemontesi	5,0
Laziali	4,8
Siciliani	4,5
Pugliesi	3,7
Friulani	2,8
Trentini	2,7
Calabresi	1,9
Umbri	1,7
Sardi	1,7
Abruzzesi	1,4
Marchigiani	1,4
Molisani	1,4
Lucani	1,1
Valdostani	0,9

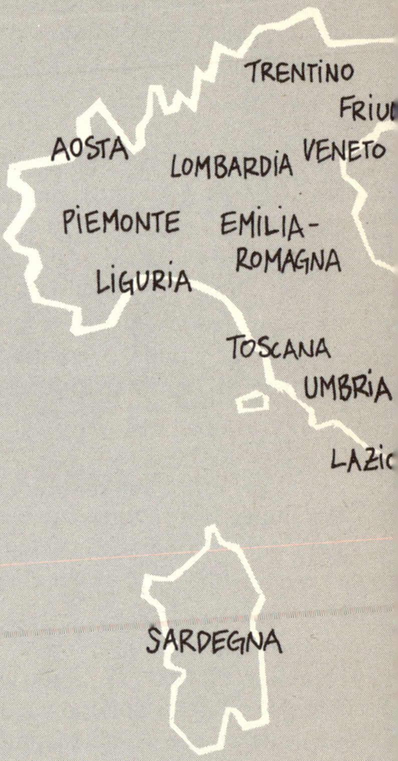

Anche i toscani e i veneti in vetta alla classifica. Al nord i primi quattro posti; ai napoletani più simpatia che a liguri e piemontesi; ai laziali, una botta.

il concittadino: Mitbürger **la classifica:** Wertung **la botta:** Schlag

Per quale di questi aspetti Le sono simpatici?

Laboriosità	21,3
Dialetto	16,8
Generosità	12,0
Onestà	11,4
Senso pratico	9,2
Fantasia	8,9
Storia, arte, cultura	6,5
Posizioni politiche	3,4
Aspetto fisico	1,9
Altro	6,4
Non so	1,9
Non risponde	0,3

Per quale di questi aspetti Le sono simpatici gli emiliani?

Generosità	21,3
Laboriosità	16,7
Onestà	13,0
Senso pratico	11,1
Dialetto	6,5
Fantasia	6,5
Politica	6,5
Storia, cultura	3,7
Fisico	2,8
Altro	12,0
Non so	0
Non risponde	0

Laboriosità e dialetto sono determinanti criteri di scelta ma per gli emiliani, l'aspetto decisivo è quello della generosità.

la laboriosità: Fleiß **la scelta:** Auswahl **l'onestà:** Ehrlichkeit **l'aspetto decisivo:** entscheidender Punkt

Proprio antipatico

Si vede a prima vista che non vanno più d'accordo.
Neanch'io posso sopportare lui: ne ha combinate di tutti i colori anche a me!

In questo paese non ci resto neanche un minuto in più!
Ma se eri così impaziente di venirci...
È vero, ma non credevo che gli uomini di qui dessero fastidio in questo modo orrendo!

Vieni a mangiare con noi?
Voi chi?
Con me e Michele.
Michele?! No, mi dispiace, ma quello lì con tutte quelle arie che si dò mi sta proprio sul cazzo!

Marco è proprio un rompiballe!
Sono d'accordo con te; mi è bastato guardarlo per capire di che pasta è fatto!

Andiamo insieme a vedere «Spiagge salate»?
Chi ci lavora?
L'attore principale è Renato Tuttomi.
No, allora no! Quell'attore mi è proprio antipatico!

Forse è meglio rinviare l'incontro ad un altro giorno.
E per quale motivo?
Perché Rosario non può più venire.
E chi se ne frega: quello lì è meglio perderlo che trovarlo!

È così e basta!
Ma chi ti credi di essere? Il padre eterno?!

Hai sentito che Marietto, in estate, va a lavorare a Rimini?
E chi te lo ha raccontato?
Lui stesso.
E tu ci credi? Quello è un racconta palle!

Ho chiesto a Gianni che cosa vota domani per il referendum e mi ha risposto che vota per il sì.
Ma quello è un coglione!

Senti, ma ieri sera perché te ne sei andato via di corsa quando è entrata tua cognata?
Perché con lei non voglio più averci a che fare: bada solo ai suoi affari!

E vacci piano con questo vino: guarda che ubriaca di brutto!
E fatti i fatti tuoi! Non ti sopporto più! Lasciami bere come voglio!

---

sopportare: ertragen **combinare:** anstellen **dare fastidio:** belästigen, stören **orrendo:** schrecklich **darsi arie:** wichtig tun **rompiballe** (!): Nervensäge (wörtlich: Eierbrecher) **di che pasta è fatto:** was für ein Mensch er ist **l'attore principale:** Hauptdarsteller **il padre eterno:** Gottvater **racconta palle** (!): Lügenerzähler (wörtlich: von Hoden erzählen) **il cognato:** Schwager **badare:** aufpassen **l'affare:** Geschäft

Madonna santa!

Eccovi i tipi di Madonne che per il fervente desiderio sono state viste in Italia:

Madonna delle formiche: Viene venerata nel santuario di Piovano a trenta chilometri da Bologna: ogni anno a settembre, grandi sciami di formiche alate si riuniscono sopra il campanile e poi precipitano a terra morte.

Madonna delle scosse: la sera prima del terremoto del 1980 sarebbe apparsa a Napoli e avrebbe annunciato il terremoto per l'indomani.

Madonne volanti: scappata dall'isola greca di Eubera è diventata patrona della Toscana. La Madonna vive in provincia di Udine e per togliere a Saturno il dominio del Friuli, lo sfidò a raggiungere in volo la vetta di un monte; naturalmente Saturno cadde in un burrone e la Madonna raggiunse il Monte.

Madonne architette: normalmente appaiono a fanciulle di indiscussa virtù o a uomini molto devoti e indicano con precisione il luogo dove deve essere costruito il loro santuario. Naturalmente questi prediletti si rivolgono ai potenti del luogo con insistenza fino a quando il santuario è costruito. Madonna del Boschetto (Camogli), Madonna di Porto (Catanzaro) e ad Avellino, a Grado, a Crema.

Madonne piagnone: Madonne che piangono per vari motivi come a Como, Siracusa quando nel 1953 un quadretto di gesso raffigurante la Madonna cominciò a piangere.

Madonne sotterrate: anche queste si fanno trovare nel luogo dove dovrà sorgere il santuario, ma la comunicazione avviene in altro modo: un pastore o un contadino, una pietra che non si può spostare, una coppia di buio che rimane immobile nel tentativo di spostare la statua o il quadro ritrovato nel sottosuolo. È successo in Puglia, in Sicilia, in Sardegna, in Campania.

Madonne rabdomanti: fanno zampillare sorgenti o fonti in posti aridi e insospettabili come a Bergamo.

---

fervente: leidenschaftlich **la formica:** Ameise **venerare:** verheeren **il santuario:** Wallfahrtsort **sciare:** Ski fahren **riunirsi:** sich versammeln **la scossa:** Beben **il terremoto:** Erdbeben **apparire:** erscheinen **annunciare:** ankündigen **scappare:** abhauen **la patrona:** Schutzpatronin **togliere:** wegnehmen **il dominio:** Herrschaft **sfidare:** herausfordern **la vetta:** Gipfel **la virtù:** Tugend **devoto:** fromm **prediletto:** bevorzugt **piagnona:** jammernd **il gesso:** Gips **raffigurare:** abbilden **sotterrato:** begraben **sorgere:** entstehen **spostare:** rücken **il sottosuolo:** Untergrund **rabdomante:** Wünschelrutengänger **zampillare:** hervorsprudeln **arido:** trocken

Sogni

Sogno di Francesca (ragazza muta) scritto in «Bliss».

Bevo la libertà/bevo la vita/bevo la libertà di amare/
oh come vorrei esprimere la libertà che sento.

Io non so pregare, ma poco fa ho fatto un voto: se mia figlia guarisce faccio un pellegrinaggio alla Madonna delle Lacrime.

Spero che un giorno lui venga e mi dica: «Ho sbagliato tutto, voglio vivere con te e nostro figlio.»

Quanto mi piacerebbe poter trovare un appartamento tutto per noi! Non pretendo molto, mi basterebbe un appartamentino di due stanze e cucina!

Vorrei l'azzurro del mare, il celeste del cielo, il verde dei prati, il calore umano, vorrei non dover più sognare ad occhi aperti!

Speriamo che tutto vada per il verso giusto, che rimanga in ottima salute, che non abbia difficoltà finanziarie, che il tempo sia bello, che l'inquinamento sparisca, che la giustizia sociale trionfi, che queste frasi possano servirti!

Mamma mia che caldo! Vorrei avere una bella casetta all'ombra di platani secolari.

---

sognare: träumen **muto:** stumm **pregare:** beten **il voto:** Weihgabe **guarire:** heilen **il pellegrinaggio:** Pilgerfahrt **il prato:** Wiese **l'inquinamento:** Umweltverschmutzung **trionfare:** triumphieren **il platano:** Platane

E desideri

Il signore desidera?
Vorrei una bevanda rinfrescante, mi porti un'orzata fredda, per favore.

Brrr, che inverno umido e freddo!
Quanto sarebbe bello avere un riscaldamento in questa casa!

Vorrei smetterla di scrivere queste stupide frasi!
E chi te lo impedisce?
Il fatto che ho già speso tutti i soldi presi per questo lavoro!

Ho una voglia matta di gridargli in faccia tutto quello che penso di lui!
E fallo, no?!
E se poi mi spacca la faccia?

Vorrei avere il divorzio.
E poi chi le mangia tutte quelle schifezze che cucini?

Ho prenotato una stanza in un albergo sulle Dolomiti per marzo.
Speriamo che nevichi!

---

rinfrescante: erfrischend **l'orzata:** Mandelmilch **il riscaldamento:** Heizung **impedire:** verhindern **gridare:** schreien **spaccare:** zerbrechen **il divorzio:** Scheidung **la schifezza:** Schweinerei

Il tempo

sereno: heiter
poco nuvoloso: wenig bewölkt
annuvolamenti: Bewölkung
variabile / coperto: wechselhaft / bedeckt
stazionario: beständig
precipitazioni intense / lievi: starke / leichte Niederschläge
pioggia / temporali: Regen / Gewitter
grandine: Hagel
nevicate: Schneefall
nebbia fitta / banchi di nebbia: dichter Nebel / Nebelbänke
poca / buona visibilità: schlechte / gute Sicht
schiarite / foschie: Aufheiterungen / Dunst

temperatura in lieve / in forte aumento: Temperatur leicht / stark ansteigend
in diminuzione: abnehmend
pressoché stazionarie: so gut wie unveränderlich
massima / minima: höchst / mindest

venti forti / deboli / moderati: starke / leichte / mäßige Winde
uragano: Sturmwind (Hurrikan)
scirocco: warmer Wind aus Afrika
tramontana: kalter Wind
bora: kalter Wind (Adria)
libeccio: Südwestwind
tromba d'aria: Windhose

mare poco mosso / molto mosso: wenig / stark bewegtes Meer
tranquillo: ruhig
moto ondoso in diminuzione / in aumento: abnehmender / zunehmender Seegang
burrasca: Seesturm
tempesta forza: Windstärke
foschia sul litorale: Dunstwetter im Küstengebiet

MI STAI A SENTIRE?

Lei ha ragione!
Sono d'accordo con te!
Io l'approvo!
In effetti è vero!
Sì , è giusto!
Hai fatto centro!
Purtroppo è la veritá
Lo devo ammettere!
Ma come puoi dire una cosa del genere!
Non è niente di eccezionale!
Tu sei pazzo!
Tu non capisci un cavolo!
(!) Ma che cazzo dici!
(!) Sono tutte palle!
Mi lasci in pace!
Fatti i fatti tuoi!
Sta zitto!
Chiudi il becco!
Sparisci!
Va' al diavolo!
(!) Vaffanculo!

Giusto!

Terrorismo:
C'è il pericolo che i terroristi facciano un attentato alle centrali nucleari.
In effetti è vero. Ma noi per vendicarci potremmo regalare tre o quattro centrali a Gheddafi.

Cambiamenti:
Indovina un po': sai perché quel ministro è diventato improvvisamente antinucleare?
Ma penso che sia uno degli effetti mutageni del celsio 134.
Bravo, hai fatto centro! E sai perché l'altro ministro era prima all'ecologia e ora all'industria?
Perché è come il dottor Jekyll e Mister Hyde!
Devo ammettere che sei molto intelligente!

Buoni propositi:
Da domani basta con l'alcool!
Giusto!
E niente più sigarette!
Ti approvo!
E solo con il preservativo!
Anch'io la penso così.
Ma da domani, oggi ancora...

Dobbiamo scioperare, bloccare le ferrovie, fare una dimostrazione, occupare il comune!
Perfettamente, però... io ultimamente mi sento un po' male, penso di mettermi in mutua.

---

la centrale nucleare: Atomkraftwerk **vendicarsi:** sich rächen **regalare:** schenken **indovinare:** raten **il mutageno:** Wandelbarkeit **ammettere:** zugeben **il proposito:** Vorsatz **approvare:** zustimmen **scioperare:** streiken **la dimostrazione:** Demo **la mutua:** staatliche Krankenkasse

Sicuro!

Dialogo intimo:
Allora, ti piaccio così...
Oh sì, che bella che sei...
E così... con la giarrettiera rosa?
Oh sì, la mia mente non riposa...

Teatro:
Che commedianti che sono questi politici!
Hai ragione, se fossi un impresario teatrale lì scritturerei tutti quanti!

Protesta:
Cameriere, c'è un tappo nella minestra.
Mmmm, si è vero, lo devo ammettere. E la minestra è buona?

In ufficio:
Senta, lei lavora poco, è sempre distratto e stranamente è spesso anche malato!
In effetti è vero. Potrei avere qualche giorno di riposo in più?

Orgoglio:
L'Italia è il quinto paese più ricco del mondo, siamo i più allegri di tutti, abbiamo una grande cultura...
Perfettamente! Potresti imprestarmi qualche lira per pagare l'affitto? Sono in bolletta.

---

la giarretiera: Strumpfband **la mente:** Verstand **l'impresario:** Theaterunternehmer **scritturare:** engagieren **il tappo:** Korken **distratto:** abgelenkt **l'orgoglio:** Stolz **imprestare:** leihen **essere in bolletta:** pleite sein

È la verità!

In un negozio:
Che lunga fila, non ho voglia di aspettare due ore!
Ma bisogna pur comprare qualcosa da mangiare!
Hai ragione. Facciamo così: tu aspetti e quando è il tuo turno prendi il pane la pasta e il resto e io intanto vado al bar a bere un aperitivo.

Religione:
Penso che sia giusto vivere secondo l'insegnamento del Signore. I dieci comandamenti sono da seguire.
Sono d'accordo con te, ma io ne eliminerei uno: non commettere atti impuri!

Ironia:
Non credi di essere un po' troppo ironico oggi?
Purtroppo è la verità, ma che altro mi resta da fare?

Frustrazione:
Noi facciamo un lavoro di merda!
Cosa c'è che non ti piace?
Alzarsi presto ogni mattina, lavorare dieci ore al giorno, tornare a casa la sera e non avere la forza neanche di farsi un piatto di pasta, questo è quello che non mi piace!
Anch'io ero entusiasta di lavorare in questa agenzia, poi con il tempo diventa tutto routine e stress, sì in effetti è vero è un lavoro di merda.

Un marito scontento:
Non sapevo che tu fossi sposato!
Sarei più contento se così non fosse ma purtroppo è la verità.

---

la fila: Schlange **intanto:** inzwischen **il comandamento:** Gebot **l'atto impuro:** unkeuscher Akt **purtroppo:** leider **alzarsi:** aufstehen

Ma che dici!

Tabaccaio:
Vorrei un accendino di questo tipo qua.
Come quello? Io non ho accendini di contrabbando!
Perché questo è di contrabbando?
Eh sì! È senza bollo!
Pensa? Ma io l'ho comprato da un altro tabaccaio!

Tra amici:
Domani è Pasqua; vieni a messa domani mattina?
Ma che racconti, io grazie a Dio sono ateo!

Allo stadio:
Ma lì c'era il rigore...
Ma che cazzo dici, mostri lucciole per lanterne! Quella caduta è stata tutta una finta!

Quel portiere è bravissimo!
Ma se non è niente di eccezionale: non becca un pallone!
Ma ti sei già dimenticato delle parate che ha fatto domenica scorsa?!
Sono tutte palle! Quel giorno ha avuto più culo che anima!

---

l'accendino: Feuerzeug **il contrabbando:** Schmuggel **il bollo:** Marke **la Pasqua:** Ostern **il rigore:** Strafstoß **mostrare lucciole per lanterne:** ein X für ein U vormachen **beccare:** kriegen **parare:** abwehren **più culo che anima** (!): mehr Glück als Verstand (wörtlich: mehr Arsch als Seele)

Non capisci niente!

Fame:
Ho una fame da lupo.
È mai possibile che pensi solo a mangiare?
Come fai a dire una cosa del genere: oggi non ho fatto neanche la colazione!

Look:
Hai visto che bel look che ha Gavino?
Tutto fumo e niente arrosto: potrebbe avere il look più bello di questo mondo, ma rimarrà sempre lo stupido che è sempre stato!

Kitsch:
Che bell'arredamento, è favoloso!
Ma tu non capisci un cavolo, quello è il peggior kitsch che io abbia mai visto!

Visite poco gradite:
Anche la prossima settimana verrà sicuramente a trovarci qualcuno!
Pensi?
Ne sono sicuro, in questa casa non si può stare un momento soli!

Diventare ricco:
Per fare i soldi bisogna essere falsi, cinici, e non si deve guardare in faccia a nessuno, è scritto qui sul giornale.
Bene, allora tu hai molte possibilità di diventare ricco.
Tu sei completamente pazzo!

---

avere fame come un lupo: wölfischen Hunger haben **tutto fumo e niente arrosto:** viel Geschrei und wenig Wolle **l'arredamento:** Einrichtung **il cavolo:** Blumenkohl **gradito:** erwünscht **cinico:** zynisch

Lasciami in pace!

In vacanza:
Ma è mai possibile che per tre giorni di vacanza ti porti dietro pure il ferro da stiro?!
E perché no, stasera voglio stirare!
E se vai in vacanza per un mese che ti porti... tutta la casa?
Ma lasciami in pace stupido!

Litigi tra marito e moglie:
E anche oggi fai una faccia... che cos'hai?
Io? Che cos'ho io? Vorrei vedere te col mal di testa che mi ritrovo...
Guarda che tra un po' dobbiamo andare al matrimonio di...
Ci mancava solo questo... e che mi metto? Come se avessi qualcosa da mettermi!
Ma come con tutti i vestiti che hai nell'armadio!
Ma sta zitto che mi fai scoppiare la testa con le tue stupidaggini!
Che rompimento che sei: con te non si può più parlare...
Te ne accorgerai quando sarò morta!

In strada:
Eih, ti vuoi togliere di mezzo con quella macchina?! Sì o no?
Un momento...
Ma che momento e momento, spostati subito o chiamo la polizia!
Ma chiudi il becco, stupido!
Stupido sarai tu e quel cornuto di tuo padre!...

---

il ferro da stiro: Bügeleisen **la faccia:** Gesicht **il matrimonio:** Ehe **scoppiare:** platzen **la stupidaggine:** Dummheit **rompimento** (!): ätzend **togliere di mezzo:** beiseite schaffen **chiudere il becco:** die Schnauze halten **il cornuto:** Gehörnter

Smettila!

Oggi paghi tu il conto.
Un corno! E che son diventato la Banca d'Italia?

Smettila di provocare Luciano, guarda che stai scherzando con il fuoco!
Provocarlo? Io gli ho detto solo la verità.
Attento: quello ti spacca il muso!

Di questo passo non so come va a finire.
Che cosa vuoi dire?
Cosa voglio dire?! Voglio dire che è ora che tu la smetta di raccontare tutte quelle palle su di me!
Secondo me tu non hai tutte le rotelle a posto: io mi faccio i fatti miei e non vado in giro a spettegolare su cose che non mi riguardano...
E come mi spieghi che tutto il giro sa di cose che sappiamo «solo noi»?
Sta' attento...

Ho l'impressione che tu voglia piantare baracca e burattini e...
Chi, io?
Guarda che se sparisci di nuovo, stavolta ti denuncio alla polizia per abbandono della famiglia!
Fatti i fatti tuoi!

---

smettila: hör auf damit **un corno:** nichts da **spaccare il muso:** eine in die Fresse schlagen (wörtlich: Maul spalten) **non avere le rotelle a posto:** eine Schraube locker haben **spettegolare:** lästern **il giro:** Kreis **piantare baracca e burattini:** alles hinschmeißen (wörtlich: Bude und Marionetten verlassen) **denunciare:** anzeigen **l'abbandono:** Verlassen **farsi i fatti suoi:** sich um den eigenen Kram kümmern

Va' al diavolo!

Mannaggia, quanto pesa quest'armadio... ma dov'è Sergio?
Eccolo là, sta guardando la vicina di casa al balcone...
Eih, Sergio, guarda che non sei qui a far le ferie, vieni ad...
E sta zitto un attimo e vieni qui pure tu piuttosto...

Pff... psss... psss, bella, senti un po'... eih fermati un attimo...
Non ho tempo! Sparisci!
Ma aspetta un po', senti...
E lasciami in pace!
E non far la scorbutica, vieni a...
Ma va al diavolo!!
Ma guarda che io...
Ma vaffanculo, stronzo!

Hai proprio una bella faccia tosta a mentire così!
Mentire? Sto dicendo la verità!
Ma se te lo leggo negli occhi che...
Senti, se mi credi bene, se no va' al diavolo!

Tu non vedi più in là del tuo naso!
E senti chi parla! L'uomo vissuto dalle larghe vedute, ma sta zitto imbecille!

---

zitto: still **mannaggia:** verdammt noch mal **scorbutico:** mürrisch **vaffanculo** (!): verpiß dich (wörtlich: geh in den Arsch) **avere una faccia tosta:** die Stirn haben (wörtlich: freches Gesicht) **mentire:** lügen **non vedere più in là del proprio naso:** nicht über die eigene Nasenspitze hinausschauen **l'imbecille:** Idiot

bastardo: Bastard **cornuto:** Gehörnter **porco/maiale:** Schwein **figlio di puttana:** Hurensohn **faccia da cazzo/da culo:** Arschgesicht **testa di cazzo:** Scheißkerl **imbecille/stupido/scemo:** Idiot **mangia pane a tradimento/parassita:** Schmarotzer **stronzo/coglione:** Miststück **troia/mignotta/puttana/zoccola:** Nutte **macho/maschilista/sciovinista:** Macker **frocio/ricchione/checca/finocchio:** schwule Sau **terrone:** dummer Bauer (Schimpfwort für Süditaliener) **polentone:** Polentafresser (Schimpfwort für Norditaliener) **bigotto:** Scheinheiliger **rincoglionito:** Verkalkter **ignorante/deficiente:** Schwachkopf **montato/pallonegonfiato:** eingebildetes Huhn **buffone:** Hampelmann **crucco:** Deutscher (abwertend)

Graffiti

Il sesso debole è forte!
Le puttane rovinano
BACIAMI....
M i TERRONi
GIANNI TI SPACCO IL CULO!
i TIFOSI DEL NORD SONO BASTARDI
Fuori i Romani dal Veneto
W LA FICA
MARA È UNA TROIA
DANILO È FROCIO

ADDIO!

Arrivederci!

Ciao!

A presto!

A dopo!

Ci vediamo!

Ci sentiamo!

Mi raccomando!

Devo andare via!

Taglio la corda!

Me la svigno!

Alla fine della festa

Siamo gli ultimi ospiti rimasti, penso che voi siate molto stanchi.
Ma restate ancora un po', bevetevi ancora un bicchierino.
Meglio di no. Sai com'è: dobbiamo attraversare tutta la città e devo guidare la macchina. Credo di avere bevuto abbastanza.
Allora ti faccio un caffè forte forte.
No, grazie, altrimenti stanotte non riesco a dormire.
Allora, mi raccomando!

ArrivederLa, faccia un buon viaggio.
Grazie. È stato veramente bello da Lei, spero che si di a presto l'occasione di incontrarLa nuovamente.

Permetta che mi ritiri.
Peccato che lei debba andare via così presto!
Sì è un vero peccato, ma è tardi, mi aspettano a casa, inoltre mi devo affrettare perché se no perdo l'ultimo tram.
Ci sentiamo!

Allora ti sei scritto il mio nuovo indirizzo?
Sì, certo! Ce l'ho qui nel portafoglio.
Bene, vieni a trovarmi presto!

Allora, quando arrivi scrivimi almeno due righe per farmi sapere come stai nella nuova casa.
Ti assicuro che appena arrivo, per prima cosa ti dò un colpo di telefono... poi ti scriverò una lettera, ma non solo due righe!
Mi prometti che mi penserai veramente qualche volta?
E come potrei dimenticarti?!
Ciao caro! (smack) Allora aspetto la tua telefonata. (smack)

---

l'ospite: Gast **attraversare:** überqueren **guidare:** fahren, führen **altrimenti:** sonst **la prudenza:** Vorsicht **ritirarsi:** sich zurückziehen **inoltre:** außerdem **affrettarsi:** sich beeilen **il portafoglio:** Brieftasche **la riga:** Zeile **promettere:** versprechen **dimenticare:** vergessen

Va pensiero...

Un uomo parte dal paese in cerca di lavoro:
«Addio casa mia, vado a cercare la mia fortuna per mare e per terra!»

Il treno parte alle otto...
E sei ancora qui? Che cosa aspetti? Sono già le sette! Taglia la corda!

Prima di partire ho abbracciato tutti...
Anche il tuo «caro amico» Pietro?
No... neanche ci salutiamo!

Mi fai un favore?
Certo! Se posso con piacere.
Salutami il professore: non l'ho visto!

Arrivederci, a presto! Devo partire, vi saluto tutti, arrivederci...

Quando ci rivediamo?
Verrò a trovarti alla prima occasione.
Speriamo che non sia tra qualche anno!

Sta arrivando Marco.
Non lo posso sopportare. Me la svigno prima che arrivi qui!

Vacanze: luglio, agosto: 3000 chilometri di code!

Ciao, domani parto!
Anch'io. Non vedo l'ora di partire!
Hai salutato i tuoi amici?
Sì, ma non tua sorella perché è un'oca!

Ciao, adesso devo andare via, ti darò un colpo di telefono domani.

Alcuni ragazzi che vanno ad un esame:
«Armiamoci di coraggio e partiamo!»

Una coppia che ha appena litigato:
E dove vai adesso?
Ciao! Ho bisogno di prendere un po' d'aria, ma tra cinque minuti sono qui.
Li conosco i tuoi cinque minuti... a domani mattina. Sparisci!

Il papa scomunica Lefebvre e lui gli risponde:
«Addio chiesa di Roma!»

Di Pier Paolo Pasolini:
Il chiarore
Quello che si dimentica aiuta
più di quello che si ricorda:
meglio che rompa la corda
che mi lega a una terra morta e ancora nuova.
...

---

abbracciare: umarmen **l'occasione:** Gelegenheit **me la svigno:** ich haue ab **sopportare:** ertragen **la coda:** Schlange **l'oca:** Gans **il colpo di telefono:** Telefonanruf (wörtlich: Schlag des Telefons) **armarsi di coraggio:** sich Mut machen (wörtlich: sich mit Mut bewaffnen) **litigare:** streiten **sparire:** verschwinden **spuntare:** auftauchen **scomunicare:** exkommunizieren **il chiarore:** Schimmer **la corda:** Seil **rompere:** brechen **legare:** binden

Un altro luogo

A gennaio incomincia un nuovo anno. Gennaio è un mese freddo ad Amburgo come a Torino, a... questo gennaio fa freddo anche dentro casa mia. È stato un anno nero, questo anno che è appena finito. A gennaio dell'anno scorso ho iniziato bene, ma.... a dicembre ho concluso male! Ho molti debiti oggi. Mi piace pensare che la neve copre i debiti e non si possono più vedere. La neve è bianca, parla del Natale, parla del mondo dove tutte le persone sono buone. Nessuno può pensare che sotto la bianca neve c'è qualcosa di brutto. Ho bisogno di molti metri di neve. Anche oggi è un bianco martedí di gennaio: nevica moltissimo. E desidero questo anche per domani. Domani, il primo piano della casa è sotto la neve. E dopodomani anche il secondo piano è sparito, e tra due giorni anche il terzo... e tra una settimana anche i palazzi, la torre della televisione e quella dell' aeroporto, tutto è sotto la neve. Ma io, non ci sono più: io sono già partito per l'estero, con i miei ultimi soldi, ho preso l'ultimo aereo. Lì nell'altro luogo spero di non avere più bisogno della bella neve bianca.

---

concludere: beenden **i debiti:** Schulden **coprire:** bedecken **l'estero:** Ausland

Buon viaggio!

È libero? Devo arrivare in fretta alla stazione, mi porti lì con la massima velocità possibile, per favore.
La stazione non è lontana. Quando parte il suo treno?
Purtroppo, parte tra qualche minuto, ho paura che lo perderò!
Ecco la stazione, siamo arrivati.
Accidenti! Ma lei è una saetta! Quanto le devo?
Cinquemila lire, signora.
Ecco, prenda, tenga pure il resto.
Grazie signora. ArrivederLa e buon viaggio.

Il treno sta per partire dalla stazione:
«In carrozza signori, si parte!»

L'aereo sta per decollare:
«I signori viaggiatori sono pregati di allacciarsi le cinture di sicurezza...»

La nave salpa dal porto: «SOS» Salvaci o Signore!

I bagagli sono tutti in macchina, i documenti in tasca, il portafoglio è pieno: metto in moto e via...

Un proverbio: «Chi va piano va sano e va lontano.»

Ancora un proverbio italiano: «Partire è un po' morire!»

Addio.

---

in fretta: in Eile **purtroppo:** leider **accidenti:** verflixt **la saetta:** Blitz **decollare:** abfliegen, starten **allacciarsi:** sich anschnallen **salpare:** ablegen

Ein Mensch, der vier Sprachen kann…

... hat den Wert von vier Menschen, schrieb Madame de Staël. Mit ihr sind wir der Meinung, daß es immer ein Erfolgserlebnis ist, wenn man seinen Wert schwarz auf weiß bestätigt findet – bei Sprachen wie beim Sparen.

ANHANG

Wörter und Wendungen nach Situationen

Ciao bella!

Begrüßen

buon giorno
guten Tag
buona sera
guten Abend
ciao
hallo
salve
grüß Gott
come va?
wie geht's?
come stai?
wie geht's dir?
cosa combini?
was treibst du?
arrivi a proposito
du kommst gerade richtig
capiti a pennello
du kommst gerade richtig (wörtlich: auf dem Pinsel)
stavamo parlando proprio di te
wir sprachen gerade über dich
guarda chi si vede
schau mal, wer da ist
dove stai andando?
wohin gehst du?
si parla del diavolo e ne spuntano le corna
wenn man den Teufel nennt, kommt er gerannt
come mai da queste parti?
was zieht dich her?

Come stai?

Körperliches / seelisches Befinden ausdrücken

sto bene
es geht mir gut
mi sento bene
ich fühle mich ok
mi sento a mio agio
hier fühle ich mich wohl
ho la coscienza a posto
ich habe ein gutes Gewissen
fa al caso mio
das ist was für mich
ho proprio culo (!)
ich habe verdammtes Glück (wörtlich: Arsch)

non sto bene
es geht mir nicht gut
mi sono stufato
ich habe es satt
mi sono rotto (!)
ich hab es dicke
ho le palle piene (!)
ich habe die Nase voll (wörtlich: die Eier)
mi sta sullo stomaco
das schlägt mir auf den Magen

sono depresso
ich bin deprimiert

sono giù di corda
ich bin niedergeschlagen
sono scoppiato
ich bin am Ende
non ce la faccio più
ich kann nicht mehr

sono deluso
ich bin enttäuscht
peccato
schade
che sfiga (!)
beschissenes Pech (wörtlich: ohne Möse)
non ne va bene una
alles geht schief
non me l'aspettavo
das hätte ich nicht erwartet

mi sto annoiando
ich langweile mich
non me ne frega niente
es juckt mich überhaupt nicht
che palle (!)
was für ein Scheiß (wörtlich: Eier)

sono insicuro
ich bin unsicher
ma non so
ich weiß es nicht
non riesco a decidermi
ich kann mich nicht entscheiden
non so che pesci pigliare
ich weiß nicht, was ich tun soll (wörtlich: Fische nehmen)

Hai voglia di...?

Etwas vorschlagen / einladen

hai voglia di...?
hast du Lust auf...?
che ne dici di...?
was hältst du von...?
ti piacerebbe di...?
würde es dir gefallen zu...?
cosa prendi?
was nimmst du?
ci facciamo un bicchierino?
trinken wir ein Gläschen?
hai già un impegno?
hast du schon was vor?
ti propongo di
ich schlage dir vor

ci sto
ich mache mit
va bene
okay
d'accordo
einverstanden
volentieri
gerne
con molto piacere
sehr gern
perché no?
warum nicht?

no, grazie
nein, danke
non ne ho voglia
dazu habe ich keine Lust
mi dispiace ma non mi va
es tut mir leid, aber es paßt mir nicht
neanche per sogno
nicht mal im Traum
non ho bisogno di niente
ich brauche nichts

ti ringrazio, ma non posso
ich danke dir, aber ich kann es nicht

Scusa, ma è colpa tua!

Sich entschuldigen / sich rechtfertigen

è permesso?
darf ich? (entschuldigen Sie)
perdonami
verzeih mir
scusi il disturbo
entschuldigen Sie die Störung
La prego di scusarmi
ich bitte Sie, mich zu entschuldigen
ti chiedo scusa
ich bitte dich um Entschuldigung
mi dispiace
es tut mir leid
non l'ho fatto apposta
ich habe es ohne Absicht gemacht
te lo posso spiegare
ich kann es dir erklären
io voglio dire che...
ich will sagen, daß
non La riguarda
das betrifft Sie nicht
cioè, volevo dire che
und zwar wollte ich sagen, daß
ma era uno scherzo
aber es war nur ein Scherz
non te la prendere
mach dir nichts daraus
per conto mio
was mich betrifft

Ne sei convinto?

Beurteilen / anzweifeln / verneinen

mi fa piacere
es freut mich sehr
non mi piace proprio
es gefällt mir überhaupt nicht
non mi va giù
das kann ich nicht verdauen
io odio di
ich hasse es
è pazzesco
es ist verrückt
è divertente
es macht Spaß
è uno che sa il fatto suo
er ist jemand, der weiß, was er will
è proprio un figo (!)
er ist geil, Spitze! (wörtlich: eine Möse)
è un coglione (!)
er ist saudumm (wörtlich: Hoden)

a chi la racconti!
wem willst du das erzählen?
io mi domando se
ich frage mich, ob
mi meraviglierebbe se
es würde mich wundern, wenn
ne sei proprio convinto?
bist du davon wirklich überzeugt?
c'è da fidarsi?
soll man dem trauen?
ci devo credere?
soll ich das glauben?
non riesco a crederci
ich wage es kaum zu glauben

non è vero
es ist nicht wahr
questo è falso
das ist falsch
è una menzogna
das ist eine Lüge
non è così
so ist es nicht
ma fammi il piacere
tu mir bitte den Gefallen
Lei si sbaglia
Sie irren sich
tu racconti palle (!)
du erzählst Scheiß (wörtlich: Hoden)
ma nemmeno per sogno
ich denke nicht daran (wörtlich: nicht mal im Traum)

Mi puoi credere!

Überzeugung äußern / Rat geben

mi puoi credere
du kannst mir glauben!
ti assicuro che
ich versichere dir, daß
senza ombra di dubbio
ohne jeden Zweifel
ne sono proprio convinto
ich bin davon wirklich überzeugt
ne sono proprio sicuro
ich bin mir todsicher
ci puoi scommettere che
du kannst mit mir wetten, daß

mettiti l'animo in pace
gib dich zufrieden
non te la prendere
mach dir nichts daraus
se fossi al posto tuo
wenn ich an deiner Stelle wäre
sarebbe meglio
es wäre besser
saresti uno stupido se
du wärst ein Idiot, wenn
tieni duro
halte durch
non darti per vinto
gib dich nicht geschlagen
non ti scoraggiare
laß dich nicht entmutigen

Sai che...?

Berichten

sai, mi hanno detto che
weißt du, man hat mir erzählt
la sai l'ultima?
kennst du das neueste?
lo sai che
weißt du, daß
si dice che
man erzählt, daß
gira la voce che
man sagt, daß
mi hanno raccontato che
man hat mir erzählt, daß
ho scoperto che
ich habe entdeckt, daß
ho saputo che
ich habe erfahren, daß
hai sentito dire che
hast du gehört, daß
si mormora che
es geht das Gerücht, daß
sembra che
es scheint, daß
pare che
es scheint, daß

Ti piace?

Sich beklagen / begeistern / verlieben

smetti di prendermi in giro
hör auf, mich auf den Arm zu nehmen
adesso è troppo
nun reicht's
è una vergogna
das ist eine Schande
che vita di merda (!)
was für ein Scheißleben
che vita schifosa
was für ein beschissenes Leben
ma fammi il piacere, smettila
tu mir den Gefallen und hör auf
che fai sfotti? (!)
willst du mich verarschen?
è ora di finirla
jetzt reicht es

è magnifico
es ist großartig
è meraviglioso
es ist wunderbar
è così bello da non crederci
es ist zu schön, um wahr zu sein
è uno schianto
das ist prima
mi piace un sacco
das finde ich toll
è incredibile
es ist unglaublich
roba da matti
das ist verrückt
è bestiale
es ist tierisch (gut)
è pazzesco
es ist wahnsinnig (gut)
è una figata (!)
es ist geil (von la figa: Möse)

mi fa impazzire
er macht mich verrückt
sono cotto di
ich bin verliebt in (wörtlich: gekocht)
sono pazzo di
ich bin verrückt nach
ho preso una sbandata per
ich bin verknallt (wörtlich: ins Schleudern gekommen)
è l'amore a prima vista
es ist Liebe auf den ersten Blick
sono innamorato di
ich bin verliebt in
mi ha preso per il culo (!)
sie (er) hat mich verarscht
mi ha messo le corna
sie (er) ist fremdgegangen (wörtlich: hat mir Hörner verpaßt)
mi ha piantato
sie hat mich sitzenlassen

Che ne pensi?

Meinen / Zuneigung, Abneigung äußern / sich wünschen

io penso che
ich denke, daß
secondo me
meiner Meinung nach
per conto mio
soweit es mich betrifft
allora, io credo che
also, ich glaube, daß
ho l'impressione che
ich habe den Eindruck, daß

a pensarci bene
wenn man sich das genau überlegt
ma di primo acchito
dem ersten Eindruck nach

mi è simpatico
er ist mir sympathisch
è una persona stupenda
er ist ein wunderbarer Mensch
è forte
er ist stark
è un figo (!)
er ist scharf (wörtlich: eine Möse)
è in gamba
er ist spitze, gut
mi piace un mondo
er gefällt mir sehr
hai fatto colpo su di me
du hast sofort Eindruck auf mich gemacht

mi è antipatico
er ist mir unsympathisch
non lo posso sopportare
ich kann ihn nicht leiden
è meglio perderlo che trovarlo
den kannst du vergessen
mi da fastidio
er stört mich
è un coglione (!)
er ist eine dumme Sau
mi sta sul cazzo (!)
er tötet mir den Nerv (wörtlich: steht mir auf dem Schwanz)
è un rompipalle (!)
er ist eine Nervensäge (wörtlich: Eierbrecher)

avrei voglia di
ich hätte Lust
se potessi
wenn ich könnte
speriamo che
hoffen wir, daß
quanto mi piacerebbe
wie sehr würde es mir gefallen
oh come vorrei
wie gerne möchte ich

Mi stai a sentire

Zustimmen, zugeben / widersprechen, kritisieren / drohen, beschimpfen

hai ragione
du hast recht
sono d'accordo con te
ich stimme dir zu
ti approvo
ich stimme dir zu
in effetti è vero
es ist in der Tat richtig
sì, è giusto
ja, es ist richtig
hai fatto centro
du hast ins Schwarze getroffen
purtroppo è la verità
leider ist es die Wahrheit
lo devo ammettere
das muß ich zugeben

ma come puoi dire una cosa del genere
wie kannst du so was erzählen
pensi?
denkst du?
non è niente di eccezionale
es ist nichts Besonderes

ma tu non capisci un cavolo
du kapierst nicht die Bohne
tu sei pazzo
du spinnst
ma che cazzo dici (!)
was redest du für einen Scheiß (wörtlich: Schwanz)
sono tutte palle (!)
das ist alles Quatsch (wörtlich: Hoden)

mi lasci in pace
lassen Sie mich in Ruhe
fatti i fatti tuoi
kümmere dich um deine eigenen Angelegenheiten
sta zitto
sei still
chiudi il becco
halt's Maul
sparisci
verschwinde
va' al diavolo
scher dich zum Teufel
vaffanculo (!)
verpiß dich (wörtlich: geh in den Arsch)

Addio!

Sich verabschieden

arrivederci
auf Wiedersehen
ciao
tschüs
a presto
bis bald
a dopo
bis nachher
ci vediamo
wir sehen uns
ci sentiamo
wir hören voneinander
mi raccomando
paß auf dich auf (wörtlich: ich flehe dich an)
devo andare via
ich muß gehen
taglio la corda
ich verschwinde (wörtlich: zerschneide das Seil)
me la svigno
ich haue ab

Wörter und Wendungen von A bis Z

A

abbandonare
verlassen
abbassare
vermindern, heruntersetzen
abbastanza
genügend
abbordaggio
Anmache
abbracciare
umarmen
a braccia aperte
mit offenen Armen
accendino
Feuerzeug
accogliente
gastfreundlich
accorgersi
bemerken
accusare
beschuldigen
acerbo
herb
acqua passata non macina più
Vergangenes soll man ruhen lassen
acquisto
Einkauf
addome
Unterleib
adorare
verehren
affare
Geschäft
affascinante
faszinierend
affatto
gar nicht
affettuosamente
herzlich
affettuoso
liebevoll
affezionato
zugetan
affidabile
zuverlässig
affinità
Ähnlichkeit
affitto
Miete
affrettarsi
sich beeilen
affrontare
gegenübertreten
afoso
schwül
aggiungere
hinzufügen
alcova
Alkoven
allegro
lustig
allora
da, damals
almanacco
Kalender
alquanto
ziemlich
altrettanto
gleichfalls
altrimenti
sonst
alzare il gomito
zu tief ins Glas schauen
amabile
lieblich
amante
Liebhaber
amaro
bitter
ambulatorio
Arztpraxis
ammazzare
töten
ammettere
zugeben
ammettere agli esami
zu den Prüfungen zugelassen sein
ampio
geräumig, breit
andare a genio
passen, liegen
andarci con i piedi di piombo
mit äußerster Vorsicht vorgehen (wörtlich: mit Bleifüßen)
annata
Jahrgang
annunciare
ankündigen
ano
After
anticipo
vorzeitig
anziché
anstatt
apparire
erscheinen
approvare
zustimmen
apprendere
erfahren
appunto
eben, genau
arido
trocken
armarsi di coraggio
sich Mut machen
arrabbiarsi
sich ärgern
arredamento
Einrichtung
arte
Beruf
ascensore
Aufzug

asciugare
trocknen
ascoltatrice
Zuhörerin
aspetto
Aussehen
assestato
geordnet
assicurazione
Versicherung
assomigliare
ähneln
assumere
beziehen
assurdo
absurd
astemio
Abstinenzler
attaccare
angreifen
attaccato
geklebt
atteggiamento
Verhalten
attento
aufmerksam
attesa
Erwartung
atto impuro
unkeuscher Akt
attore principale
Hauptdarsteller
attraente
anziehend
attraversare
überqueren
auguri
Glückwünsche
aumentare
erhöhen
autista
Autofahrer
autorità
Behörde
avarizia
Geiz
avere a disposizione
zur Verfügung haben
avere culo (!)
Schwein haben (wörtlich: Arsch)
avere fame come un lupo
wölfischen Hunger haben
avere il morale a terra
in schlechter Stimmung sein
avere la luna storta
schlechte Laune haben (wörtlich: schiefer Mond)
avere l'argento vivo addosso
Quecksilber im Leib haben
avere le palle piene (!)
es satt haben (wörtlich: die Hoden voll)
avere sete di denaro
geldgierig sein (wörtlich: dürsten)
avvincente
spannend

B

baciare
küssen
bacio
Kuß
bacioni
dicke Küsse
badare
aufpassen
balle
Mist, Märchen, Quatsch
banco di nebbia
Nebelbank
baracca
Schuppen, Laden
bastare
genügen
battere il ferro finché è caldo
das Eisen schmieden, solange es heiß ist
beato
Glücklicher
beccare
kriegen
benedire
segnen
beni
Güter
bere a garganella
in die Kehle gießen
bere tutto d'un sorso
in einem Schluck trinken
bestiale
tierisch
bicchierino
Gläschen
bigliettino
Zettelchen
bolletta del telefono
Telefonrechnung
bollo
Marke
botta
Schlag
bovino
Rinder-
braccio di ferro
Kraftprobe
bretelle
Hosenträger
brillante
glänzend
brillo
beschwipst
brindisi
Trinkspruch
bucato
Wäsche
buco della serratura
Schlüsselloch
bugia
Lüge
bussare
klopfen
buttare
werfen (weg)
buttare giù
runterschlucken

C

caccia
Jagd
cadere
fallen
calice
Pokal
calmare le acque
besänftigen (wört-

lich: die Wasser beruhigen)
camicette trasparenti
durchsichtige Hemden
campanile
Glockenturm
campione
Probe (Stichprobe)
campione del mondo
Weltmeister
campo
Feld
cancerogenesi
Krebserreger
cane bastonato
geschlagener Hund
capitare
geraten
capitare a pennello
gerade richtig kommen
capodanno
Neujahr
capolavoro
Meisterstück
capra e cavoli
alles (wörtlich: Ziege und Kohlen)
carburatore
Vergaser
carnefice
Henker
cascarci
reinfallen
cavia
Versuchskaninchen
cazzate (!)
Dummheit
cazzo (!)
Mist, Scheiß (wörtlich: Schwanz)
cedere
nachgeben
cellula
Keimzelle
censurare
zensieren
centrale nucleare
Atomkraftwerk
cercare per mare e per terra
überall suchen
certificato
Bescheinigung
cervello
Intelligenz (Gehirn)
che roba
was für ein Ding
chiarore
Schimmer
chiudere il becco
die Schnauze halten
cinico
zynisch
cin cin
Prosit
cipolla
Zwiebel
circostanza
Umstand
cirrosi epatica
Leberzirrhose
civetteria
Koketterie
classifica
Rangliste
clientela
Kundschaft
cocomero
Wassermelone
cogliere la palla al balzo
die Gelegenheit beim Schopf fassen
cognato
Schwager
collegamento in diretta
Direktschaltung
collo
Hals
coloro
diejenige
colpo di sole
Sonnenstich
colpo di telefono
Anruf
comandamento
Gebot
combinare
anstellen
come mai
wieso
commosso
gerührt
commovente
rührend
compatire
mitleiden
compleanno
Geburtstag
complicato
kompliziert
comportarsi
sich verhalten
comprendonio
Verstand
comune
Gemeinde
comunque
jedenfalls
concludere
beenden, beschließen
condanna
Urteil
condoglianze
Beileid
conferma
Bestätigung
confidare
anvertrauen
congratulazione
Beglückwünschung
consigliabile
empfehlenswert
consiglio dei ministri
Ministerrat
consorte
Gatte
contare su
auf jemanden zählen
contrabbando
Schmuggel
contraddirsi
sich widersprechen
convalescenza
Genesung
convoglio
Zug
coprire
bedecken
coraggio
Mut
corda
Seil
cordiali saluti
freundliche Grüße
corno
Horn

cornuto
gehörnt
corposo (vino)
voller Wein
corteggiare
den Hof machen
corto
kurz
coscienza
Gewissen
costare due lire
so gut wie geschenkt
costare un occhio della testa
einen Haufen Geld kosten (wörtlich: ein Auge vom Kopf)
cotto
gekocht
cretino
dumm
crollato
abgestürzt
cronaca
Chronik
crudo
roh
cuoio
Leder
curarsi
sich kümmern

D

da cima a fondo
von vorn bis hinten (wörtlich: von Gipfel bis Grund)
da vedere
zu sehen
dappertutto
überall
dare carta bianca
freie Hand geben
dare di cuore a qualcuno
jemandem etwas sehr gerne geben
dare fastidio
belästigen
dare i numeri
verwirrt sein
dare una mano
helfen
darsi arie
wichtig tun
debito
Schuld
deluso
enttäuscht
denaro
Geld
denuncia
Anzeige
denunciare
anzeigen
depresso
deprimiert
depuratore
Kläranlage
deretano
After
destinatario
Empfänger
destino
Schicksal
devoto
fromm
dì
Tag
di carattere (vino)
kräftiger Wein
di che pasta è fatto
aus was für einem Holz geschnitzt (wörtlich: aus welchem Teig gemacht)
di tanto in tanto
ab und zu
dichiarazione
Erklärung
difendere
verteidigen
difficile
schwierig
diffidenza
Mißtrauen
diffondere
verbreiten
dimagrito
abgemagert
dimenticare
vergessen
dimezzato
halbiert
dimostrare
zeigen
dimostrazione
Demonstration
Dio sia lodato
Gott sei gelobt
dire cazzate (!)
Scheiße erzählen
dire la propria
die eigene Meinung ausdrücken
dirsi addio
(hier) sich trennen
discreto
diskret
disegni animati
Zeichentrickfilm
disgrazia
Unglück
disperato
verzweifelt
distinguere
unterscheiden
distinti saluti
hochachtungsvolle Grüße
distrarsi
sich ablenken
distratto
abgelenkt
disturbare
stören
divergenza di idee
Meinungsverschiedenheit
divorziato
geschieden
divorzio
Scheidung
documentario
Dokumentarfilm
dominio
Herrschaft

E

eccezionale
besonders
eccitante
aufregend
edicola
Zeitungskiosk

educazione
Erziehung
effettuare
ausführen
egregio
geehrte
elemento
(hier) wunderlicher Kauz
elezione
Wahl, Wahlen
entrata
Eingang
equipe medica
Ärzteteam
equivalere
gleichen
ereditare
erben
eritema
Hautrötung
esagerare
übertreiben
esasperato
erbittert
esaurimento
Erschöpfung
esaurito
erschöpft
esercizio
Übung
esigere
verlangen
esorbitante
übertrieben
esponente
Vertreter
esposizione
Belichtung
essere al corrente
auf dem laufenden sein
essere all'oscuro
im dunkeln tappen
essere a pezzi
kaputt sein (wörtlich: in Stücken)
essere a portata di tutte le tasche
zugänglich für alle sein
essere baciato dalla fortuna
Glück haben
essere commosso
gerührt sein
essere disposto
bereit sein
essere giù di corda
niedergeschlagen sein (corda: Seil)
essere grato
dankbar sein
essere in bolletta
pleite sein
essere in coma
sturzbesoffen sein
essere in gamba
Spitze sein
essere in vena
in Stimmung sein (vena: Ader)
essere scoppiato
am Ende sein (wörtlich: geplatzt)
essere spiacente
bedauern
essere stufo
es satt haben
essere un figo (!)
toll sein (figa: Möse)
essere un schianto
supertoll sein (schianto: Knall)
essersi rotto (!)
es satt haben (von rompere: brechen)
essersi stufato
es satt haben
estero
Ausland

F

faccia tosta
Unverfrorenheit
falso
falsch
fare a regola d'arte
etwas profimäßig machen
fare centro
ins Schwarze treffen
fare come pare
tun wie es gefällt
fare complimenti
(hier) sich zieren
fare di colpo
schlagartig Eindruck machen
fare i conti senza l'oste
die Rechnung ohne den Wirt machen
fare in tempo
rechtzeitig da sein
fare una brutta fine
schlecht enden
fare una scappata
einen Abstecher machen
farina
Mehl
farne di tutti colori
es bunt treiben
farselo scappare
sich entgehen lassen
farsi
(hier) aufs Kreuz legen, vernaschen
farsi i fatti suoi
sich um den eigenen Kram kümmern
farsi il culo (!)
sich den Arsch aufreißen
farsi in quattro
sich für jemanden halb umbringen
fascino
Charme
faticoso
anstrengend
favorire
begünstigen
favorisca
(hier) haben Sie bitte die Freundlichkeit
fazzoletto pietrificato
verkrustetes Taschentuch
febbre da cavallo
hohes Fieber (wie ein Pferd)
fedeltà
Treue
Ferragosto

15. August (Mariä Himmelfahrt)
ferro da stiro
Bügeleisen
ferrovia
Eisenbahn
fervente
leidenschaftlich
fiacco
schwach
fidarsi
trauen, Vertrauen haben in
fiducia
Vertrauen
fiero
stolz
finora
bis jetzt
firmare
unterschreiben
follia
Verrücktheit
formica
Ameise
fornire le prove
die Beweise liefern
fregare
betrügen
frequentare
verkehren
frontiera
Grenze
frutto
Ergebnis
fumare come un turco
wie ein Schlot rauchen (wörtlich: wie ein Türke)
funerale
Begräbnis
fuori di testa
ausgeflippt

G

gagliardo
feurig, stark (Wein)
garantire
garantieren, versichern
gelido
kühl
generoso
edel (Wein)
gentile
höflich
gettare le braccia al collo di
um den Hals fallen
ghiacciaio
Gletscher
giarrettiera
Strumpfband
gioco
Spiel
giro
Kreis
giudice
Richter
giudizio
Urteil
gloria
Ruhm
gomma per cancellare
Radiergummi
gonna
Rock
governo
Regierung
gradire
annehmen
gradito
erwünscht
grave
schwer
grazie a Dio
Gott sei Dank
grazioso
niedlich
gridare
schreien
grinzoso
runzelig, faltig
guaio
großes Problem
guarire
heilen
guida alla cucina
Gourmetführer
guidare
führen, fahren
guscio
Schale
gustare
kosten
gusto di tappo
Korkengeschmack

I

ignorante
Ignorant
imbecille
dumm
imbestialirsi
wütend werden (wie ein Tier)
imbruttire
häßlich machen
immondizia
Abfall
immortalare
verewigen
impaurire
Angst machen
impeccabile
tadellos
impedire
verhindern
impegnarsi
sich engagieren
impegnativo
(hier) stark beanspruchend
impegno
Beschäftigung
impertinente
frech
impiccarsi
sich aufhängen
impiegato
Angestellter
impresario
Theaterunternehmer
impressione
Eindruck
imprestare
leihen
imprevedibile
unberechenbar
improvvisamente
plötzlich
imputato
Angeklagter
in fondo a
am Ende von
in prevalenza

vor allem
incontro
Begegnung
inconveniente
Unannehmlichkeit
incurante
unaufmerksam
indebitato
verschuldet
indeciso
unentschlossen
indifferente
gleichgültig
indossatrice
Mannequin
indovinare
erraten
influenzare
beeinflussen
ingordo
gierig
ingorgo
Stau
inoltre
außerdem
inquinamento
Umweltverschmutzung
inquinare
verschmutzen
insinuazione
Unterstellung
insofferenza
Leiden
insomma
in Kürze
insopportabile
unerträglich
intanto
inzwischen
intasato
verstopft
intelligente
klug
intento
beschäftigt
interrompere
unterbrechen
interrogato
verhört
intervallo
Pause
intervenire
sich einmischen
intollerante
unduldsam
intrigarsi
sich einmischen
invadente
aufdringlich
invasato
besessen
invecchiamento cutaneo
Altern der Haut
irresistibile
unwiderstehlich
irritare
reizen
isolamento
Untersuchungshaft

L

laboriosità
Fleißigkeit
lamentarsi
sich beschweren
lamentela
Beschwerde
lanzicchinecchi
Landsknechte
lasciare stare
sein lassen
lavorare per la gloria
für nichts arbeiten
leccarsi le dita
sich die Finger ablekken
legame
Bindung
legare
binden
legato
gebunden
lesione cutanea
Hautschädigung
libretto di circolazione
Fahrzeugschein
licenziarsi
kündigen
lieve
leicht
litigare
streiten
litigio
Streit
lo stesso
das gleiche
lucciole per lanterne (prendere)
ein X für ein U vormachen
luogo comune
Gemeinplatz
luogo pubblico
öffentliche Stelle
lupo
Wolf
lutto
Trauer

M

macché
aber was
magnagatto
Katzenfresser
magnifico
wunderbar
magro
mager, dünn
maiale
Schwein
maledetto
verdammte
maleducato
frech
malessere
Übel
mancare
fehlen
mancia
Trinkgeld
mangiarsi le dita
sich in den Hintern beißen
mannaggia
verdammt noch mal
manuale
Handbuch
maresciallo
Wachtmeister
marito
Ehemann
matrimonio
Ehe

mattone
langweiliger Schinken (wörtlich: Ziegelstein)
maturo
reif
mazzo di fiori
Blumenstrauß
mediocre
mittelmäßig
mente
Gehirn
mentire
lügen
menzogna
Lüge
meraviglioso
wunderbar
meritarsi
verdienen
metterci una pietra sopra
etwas begraben, vergessen
mettere
hinlegen, hinstellen
mettere da parte
beiseite legen
mettere le corna
Hörner aufsetzen
mettersi comodi
sich bequem machen
mettersi contro
sich dagegenstellen
minestra
Suppe
misterioso
geheimnisvoll
modifica
Änderung
moglie
Ehefrau
mollare
sitzenlassen
monotono
monoton, eintönig
morbosamente
krankhaft
mordere
beißen
morire
sterben
mostra
Ausstellung
multa
Strafzettel
mutageno
Wandelbarkeit
muto
stumm
mutua
Krankenkasse

N

narrativo
erzählend
nascondere
verstecken
Natale
Weihnachten
neanche per sogno
nicht mal im Traum
negozietto
kleiner Laden
nei tuoi riguardi
dir gegenüber
nero come il carbone
sauer, wütend (wörtlich: schwarz wie die Kohle)
neve
Schnee
nodo
Knoten
noioso
langweilig
non andare a genio
nicht gefallen
non avere tutte le rotelle a posto
eine Schraube locker haben
non capire un cavolo
nicht die Bohne kapieren
non chiudere occhio
kein Auge zumachen
non intendere ragioni
nichts hören wollen
non me ne frega
es juckt mich nicht
non metterci niente
ganz kurze Zeit brauchen
non muovere un dito
keinen Finger krumm machen
non ne vale la pena
es ist nicht der Mühe wert
non passare per l'anticamera de cervello
nicht im geringsten daran denken (wörtlich: nicht durch das Vorzimmer des Gehirns gehen)
non ti ci mettere anche tu
fang du nicht auch noch damit an
non vedere più in là del proprio naso
nicht über die eigene Nasenspitze hinausschauen
notizia
Nachricht
notturno
nachts, nächtlich
novità
Neuigkeit
nudo
nackt
nulla
nichts
nuvola
Wolke

O

oca
Gans
occasione
Gelegenheit
occhiaie
Ringe unter den Augen
offerta speciale
Sonderangebot
onda
Welle
onestà
Ehrlichkeit
onesto

ehrlich
onomastico
Namenstag
onorato
geehrte
opera
Werk
orario
Uhrzeit
orgoglio
Stolz
orrendo
schrecklich
ospite
Gast
ottimo
sehr gut
ovino
Schaf-

P

pace
Frieden
padre
Vater
paga
Gehalt
palestra
Turnhalle
pallido
blaß
palloso
ätzend
palparsi
betasten
pantalone
Hosen
Paperon de Paperoni
Dagobert Duck
paralizzato
lahmgelegt
parare
abwehren
parecchio
sehr viel
parente
Verwandte
parlare a vanvera
ins Blaue hinein reden
partita
Spiel
partita a pallone
Fußballspiel
partito
Partei
Pasqua
Ostern
passare
vorbei-, durchfahren
passato di moda
außer Mode
passionale
leidenschaftlich
patente
Führerschein
patrona
Schutzpatron
paura
Angst
peccato
schade
pecorino sardo
sardischer Schafskäse
pelare
schälen
pellegrinaggio
Pilgerfahrt
pensione d'invalidità
Invalidenrente
perdersi in un bicchiere d'acqua
in einem Glas Wasser ertrinken
perdonare
vergeben
perfino
sogar
periodo nero
sehr schlechte Zeit
permaloso
übelnehmerisch
permanente
Dauerwelle
permesso
erlaubt
permesso
darf ich?
permettere
erlauben
permetterselo
sich etwas erlauben
pesante
schwer
pesare
wiegen
pesce d'aprile
Aprilscherz
pettegolezzo
Klatsch
pettinatura
Frisur
pettine
Kamm
pezzo grosso
wichtige Persönlichkeit
piacere un sacco
wahnsinnig gut gefallen
piagnone
Jammerlappen
piangere
weinen
piantare
(hier) sitzenlassen
piantare baracca e burattini
alles hinschmeißen (wörtlich: Bude und Marionetten verlassen)
pieno da scoppiare
zum Platzen voll
pigliare
nehmen
pignucoloso
weinerlich
pigrizia
Faulheit
piovere
regnen
più culo che anima (!)
mehr Glück als Verstand (wörtlich: mehr Arsch als Seele)
più in là
etwas weiter weg
piuttosto
hier: lieber
pizzico
Prise
platano
Platane
polvere
Staub
porca miseria
verdammte Schweinerei

porcheria
Schweinerei
porgere
sagen, geben (Grüße)
portafoglio
Brieftasche
patente
Führerschein
prato
Wiese
precipitare
stürzen
prediletto
bevorzugt
pregare
beten
premiare
preisen
premuroso
zuvorkommend
prendere in giro
auf den Arm nehmen
prendere per il culo
verarschen
prendere una cotta
sich verknallen (wörtlich: sich verbrennen)
prendere una sbandata
sich verknallen (wörtlich: ins Schleudern kommen)
preoccuparsi
sich Sorgen machen
prepotente
anmaßend
pressoché
in etwa
prestare
leihen
pretendere
verlangen
previsioni del tempo
Wettervorhersage
prezzo stracciato
Spottpreis
prima edizione
erste Auflage
prima o poi
früher oder später
procedere
fortsetzen
processualmente importante
für den Prozeß wichtig
promettente
vielversprechend
promettere
versprechen
promosso
versetzen
promozione industriale
Verkaufsförderung
pronto
Hallo (am Telefon)
proposto
vorgeschlagen
proverbio
Spruch, Sprichwort
provinciale
provinziell
prudente
vorsichtig
prudenza
Vorsicht
pubblicità
Werbung
pubblico ufficiale
Beamter
pudore
Scham
Pulcinella
Figur der Commedia dell'arte
puntata
Folge
punto di vista
Meinung
puntuale
pünktlich
pure
auch
purtroppo
leider

R

rabdomante
Wünschelrutengänger
raccomandarsi
anflehen
raccomandata
Einschreiben
raccontapalle (!)
Lügenerzähler (wörtlich: über Hoden erzählen)
raffigurare
abbilden
raffinato
raffiniert
raffreddore
Erkältung
rapito
entführt
recarsi
sich begeben
recuperare
nachholen
referendum
Volksbegehren
rendere
zurückgeben
riaffermare
wieder durchsetzen
ribollito
aufgekocht
ricco
reich
ricordarsi
erinnern
ricoverare
einliefern
ridicolo
lächerlich
riferito
in Bezug
riflettere
überlegen
rifugio
Schutz
riga
Zeile
rigido
steif
rigore
Strafstoß
riguardare
betreffen
rilassarsi
sich entspannen
rimanere colpito
betroffen sein
rimorso
Gewissensbiß
rimproverarsi
sich Vorwürfe machen

rinfrescante
erfrischend
ringraziare
sich bedanken
ripassare
wieder vorbeigehen
ripiegare
zurückgreifen
riprendersi
sich erholen
riscaldamento
Heizung
riservatezza
Zurückhaltung
risparmiare
sparen
rispettoso
respektvoll
ritardo
Verspätung
ritirarsi
sich zurückziehen
riunirsi
sich versammeln
roba da matti
tolles Zeug
rompere
brechen
rompersi
brechen, kaputtgehen
rompere i coglioni (!)
auf den Sack gehen
rompimento (!)
ätzend
rompipalle (!)
Nervensäge (wörtlich: Eierbrecher)
rompiscatole
Nervensäge (wörtlich: Schachtelbrecher)
rosolare
anbraten
rustico
ländlich

S

sacco
Sack
sacrificare
opfern
saio
Kutte
sala operatoria
Operationssaal
saluto
Gruß
salutoni
dicke Grüße
salve
Heil, hallo
salvo imprevisti
falls nichts dazwischenkommt
santuario
Wallfahrtsort
saporito
geschmackvoll
sbagliarsi
sich irren
sbattere
stoßen
sbronzo
stockbesoffen
scadente
schlecht
scalare
klettern
scalata
Aufstieg
scambiare
verwechseln
scappare
abhauen
scarogna
Pech
scatola
Schachtel
scelto
Auswahl
scemo
dumm
scettico
skeptisch
scherzare
scherzen
scherzo
Scherz
schifezza
Schweinerei
schifoso
ekelhaft
sciare
Ski fahren
scioperare
streiken
scommessa
Wette
scomunucare
exkommunizieren
scontroso
störrisch
scoppiare
platzen
scoraggiarsi
den Mut verlieren
scorbutico
mürrisch
scossa
Beben
scotto
verkocht
scritturare
engagieren
scusa
Ausrede
sdraiato
hingelegt
secco
trocken
sedurre
verführen
segreto
Geheimnis
segreto di Pulcinella
offenes Geheimnis
semaforo
Ampel
semmai
wenn überhaupt
semplicità
Einfachheit
sentirsi a proprio agio
sich an einem Ort wohl fühlen
serenità
Heiterkeit
servire
dienen
sesso
Sex
settimanale
wöchentlich
sfidare
herausfordern
sfiga (!)

Pech (wörtlich: ohne Möse)
sfigato (!)
Pechvogel
sfilare
vorbeiziehen
sfilata di moda
Modenschau
sfortuna
Pech
sfottere
vernaschen, hänseln, auf den Arm nehmen
sfrattato
ausquartiert
si parla del diavolo e ne spuntano le corna
wenn man vom Teufel spricht, kommt er wie gerufen
sindacato dei ferrovieri
Eisenbahnergewerkschaft
sistemarsi
in Ordnung kommen
smettere
aufhören
solito
üblich
sondaggio
Erforschung
sonno
Schlaf
sopportare
ertragen
sorgere
entstehen
sorpresa
Überraschung
sorseggiare
schlurfen
sosta
Rast
sotterrato
begraben
sottosuolo
Untergrund
spaccare
brechen, spalten
spaccare il muso
in die Fresse schlagen (wörtl.: Maul spalten)
sparire
verschwinden
sparito
verschwunden
sparlare
schlechtsprechen über jemanden
spaventoso
schrecklich
spazioso
geräumig
spettegolare
lästern
sposarsi
heiraten
sposato
verheiratet
spostare
rücken
sprecare
verschwenden
spremuta
frisch ausgepreßter Saft
spuntare
auftauchen
sputare veleno
Gift spucken
squisito
köstlich
sregolatezza
Regellosigkeit
stare senza far niente
ohne Beschäftigung sein
stare sul cazzo (!)
auf den Sack gehen (wörtlich: Schwanz)
statale
staatlich
stato
Zustand
stella
Stern
stirare
bügeln
straccio
Lumpen
straordinario
außerordentlich
stringere
festhalten
stronzo (!)
Arschloch
stupido
dumm
successo
Erfolg
succo di frutta
Obstsaft
sughero
Kork
sul fondo
auf dem Boden
suonare (alla porta)
klingeln
superbo
eitel
superficiale
oberflächlich
sussurrare
flüstern
sveglia
Wecker
svelare
enthüllen
svendita
Ausverkauf
svignarsela
abhauen

T

tagliare
schneiden
tagliare la corda
abhauen (wörtlich: das Seil schneiden)
taglio
Schnitt
tanto
(hier) sowieso
tappo
Korken
tassa
Steuer
tatto
Takt
telefilm
Fernsehfilm
telegiornale
Fernsehnachrichten
telenovela
Fernsehromanze
teleromanzo
Fernsehgeschichte

telespettatore
Fernsehzuschauer
tenerci
darauf Wert legen
tenere duro
durchhalten
tenere in tribolo
quälen
terremoto
Erdbeben
terrone
dummer Bauer (Schimpfwort für Süditaliener)
tesoro
Schatz
testimone di Geova
Zeuge Jehovas
tintarella
Bräunung
tipo in gamba
prima Typ
tirare a sé
an sich ziehen
tirchio
geizig
toccare il cielo con un dito
den Himmel offen sehen (wörtlich: mit einem Finger berühren)
togliere
wegnehmen
togliere di mezzo
beiseite schaffen
tollerante
tolerant
torsolo
Kerngehäuse
tradire
betrügen
traffico automobilistico
Autoverkehr
traghetto
Fähre
tramonto
Sonnenuntergang
tranviario
Straßenbahn-
trasferirsi
umziehen
trasloco
Umzug
trasmissione
Sendung
trasmissione dal vivo
Live-Sendung
trasmissione televisiva
Fernsehsendung
trattativa
Verhandlung
tremare
zittern
trionfare
triumphieren
triste
traurig
troia (!)
Nutte, Sau
trovarsi con l'acqua alla gola
das Wasser bis zum Hals stehen haben
tutto fumo e niente arrosto
viel Lärm um nichts (wörtlich: viel Rauch und kein Braten)

U

ubriacare
besoffen machen
uccidere
umbringen
unico
einzig
usanza
Sitte
uscio
Eingang

V

vaffanculo (!)
verpiß dich (wörtlich: geh in den Arsch)
valere
gelten
valutare
bewerten
varietà
Varieté
vatti a far benedire
geh zum Teufel
vedere a colpo d'occhio
auf den ersten Blick bemerken
vellutato
samtig
vendicarsi
sich rechnen
venditore ambulante
Straßenverkäufer
venerare
verehren
versatilità
Gewandtheit
vetta
Gipfel
vicino d'ombrellone
Sonnenschirmnachbar
villano
Bauer, Grobian
vincere
gewinnen
virtù
Tugend
visita
Besuch
vista
Sehvermögen
vittima
Opfer
vivace
lebendig
volenteroso
willig
volerci
brauchen
votare
wählen
voto
Wahlstimme, Weihgabe

Z

zampillare
hervorsprudeln
zitto
still
zoccolo
Huf
zoppicare
hinken
zoppo
Hinker

Wir über uns

Seit mehreren Jahren führen wir in Hamburg die Sprachschule «Senzaparole» (Lange Reihe 177, 2000 Hamburg 1, Tel. 040/243739), um unsere langjährigen Erfahrungen als Sprachlehrer an Privatschulen und Volkshochschulen für ein eigenes Unterrichtskonzept zu nutzen und unsere Vorstellungen von der Vermittlung einer lebendigen, gesprochenen Sprache zu verwirklichen. Unser Unterricht stützt sich nicht nur auf Lehrbücher, sondern setzt unterschiedlichste Textmaterialien und Rollenspiele ein, um einem Erleben der Sprache, wie sie wirklich ist, möglichst nahezukommen.
Grundlage unserer Anfängerkurse I und II ist das von uns erarbeitete Lehrbuch «Partire per l'Italia» (erscheint im April 1990 auch als Rowohlt-Taschenbuch) das mit einer Vielzahl von Alltagsszenen die gesprochene Sprache üben hilft. Für die Kurse Mittelstufe I und II sowie Fortgeschrittene verwenden wir das von uns erarbeitete Buch «Corso d'italiano per medio avanzato» (rororo 8471), das «Sprachbuch Italien» (rororo 7571) und eine Zusammenstellung literarischer und journalistischer Texte. Da wir das monotone schulische Lernen lange genug selbst erlitten haben, legen wir beim Unterricht Wert auf den spielerischen Umgang mit der Fremdsprache.
So wichtig der regelmäßige Unterricht in der Sprachschule ist, den unmittelbaren Kontakt mit der Sprache in ihrem Land kann er nicht ersetzen. Nach unseren Erfahrungen bietet ein konzentriertes, tägliches Unterrichtsprogramm über einen Zeitraum von einigen Wochen, verbunden mit einem Aufenthalt in Italien die beste Möglichkeit, den entscheidenden Schritt über die Theorie hinaus zu tun und das Italienischsprechen selbstverständlich werden zu lassen. Deshalb veranstalten wir von März bis Oktober auch mehrwöchige Sprachferienkurse in Italien. Obwohl wir meinen, daß jeder Kursteilnehmer seine italienische Umgebung nach seinen Wünschen und Bedürfnissen entdecken sollte, bieten wir einige Einstiegshilfen in Politik, Kultur und Alltag Italiens. Dazu gehören Gespräche mit Parteien und Initiativen, Vorträge zu Archäologie und Kunst, Filmvorführungen, Seminare über die italienische Familie, die Psychiatrie oder die Massenmedien und vieles andere mehr.

Gunther Bischoff
Speak you English?
Programmierte Übung zum Verlernen typisch deutscher Englischfehler (6857)
Managing Manager English
Gekonnt verhandeln lernen durch Üben an Fallstudien (7129)
Better times
Programm zum Gebrauch der englischen Zeiten (7987)

René Bosewitz/Hartmut Breitkreuz
Do up your Phrasals
Fünfhundert Wendungen wichtiger Verben (8344)

Claire Bretécher/Isabelle Jue/Nicole Zimmermann
Le Français avec les Frustrés
Ein Comic-Sprachhelfer (8423)

Ahmed Haddedou
Questions Grammaticales de A à Z
Tout ce que vous avez toujours voulu savoir sur la grammaire sans jamais oser le demander (8445)

Hans-Georg Heuber/Marie-Thérèse Pignolo
Ne mâche pas tes mots
Nimm kein Blatt vor den Mund! Französische Redewendungen und ihre deutschen Pendants (7472)

LÄNDER

Christof Kehr
Andalusien (7575)

Roland Motz
Balearen/Barcelona (7579)

Hartwig Bögeholz
China (7580)

Per Ketmann/Andreas Wißmach
DDR (7568)

Dagmar Beckmann/Ulrike Strauch
Elsaß (7585) Juni '89

Günter Liehr
Frankreich (7519)
Südfrankreich (7582) Juli '89

Ingrid Backes/Gabriela Daum
Griechenland (7508)

Michael Kadereit
Großbritannien (7530)

Christoph Potting/Annette Weweler
Irland (7525)

A·N·D·E·R·S·R·E·I·S·E·N

STÄDTE

Roland Günter
Amsterdam (7506)

zitty-Illustrierte Stadtzeitung
Berlin (7576)
Planbuch Berlin (7581)

Manfred Waffender/Jonathan Walters
London (7502)

Werner W. Wille
New York (7512)

Günter Liehr
Paris (7509)

Peter Kammerer/Henning Klüver
Rom (7514)

Manfred Waffender
San Francisco (7507)

Frida Bordon
Venedig mit Venetien (7570)

Herausgegeben von Falter
Wien (7563)

A·N·D·E·R·S·R·E·I·S·E·N

GRENZENLOS

Ludwig Moos (Herausgeber)
In Italien
Eindrücke vom Stiefel (7522)

Solveig Ockenfuß (Herausgeber)
Frauen unterwegs
(7516)

Ted Simon
Jupiters Fahrt
Mit dem Motorrad um die Welt (7511)

sachbuch rororo

C 1089/18 c

sach-comics

Atomkraft für Anfänger (7533)

Computer für Anfänger (7550)

Einstein für Anfänger (7534)

Elvis für Anfänger (7555)

Die Französische Revolution für Anfänger (7546)

Freud für Anfänger (7535)

Genetik für Anfänger (7548)

Marx für Anfänger (7531)

Psychatrie für Anfänger (7552)

Ricardo, Marx, Keynes & Co für Anfänger (7538)

Zen für Anfänger (7554)

sachbuch rororo

C 988/11